Vom Himmel hoch

Humorvolle Geschichten von den Weihnachtsengeln

VOM HIMMEL HOCH

Humorvolle Geschichten von den Weihnachtsengeln

Bibliografische Information der Deutschen Nationalbibliothek
Die Deutsche Nationalbibliothek verzeichnet diese Publikation
in der Deutschen Nationalbibliografie; detaillierte bibliografische
Daten sind im Internet über http://dnb.d-nb.de abrufbar.

Besuchen Sie uns im Internet:
www.st-benno.de

Gern informieren wir Sie unverbindlich und aktuell auch in unserem Newsletter
zum Verlagsprogramm, zu Neuerscheinungen und Aktionen. Einfach anmelden
unter www.st-benno.de.

ISBN 978-3-7462-4137-1

© St. Benno Verlag GmbH, Leipzig
Umschlag: birq design, Leipzig
Umschlagillustration: © picture-alliance/dieKleinert.de/Jenny Roemisch
Gesamtherstellung: Arnold & Domnick, Leipzig (A)

INHALT

Engelfreude im Advent

Charlie Wenk–Schlegel
8 Wenn Menschen zu Engeln werden

Angelika Mechtel
11 Der Engel auf dem Dach

Luise Rinser
17 Engelmessen

Christa Kozik
20 Der Engel mit dem goldenen Schnurrbart

Jutta Fellner-Pickl
27 Warum der Engel lachen musste

Alma Larsen
31 Engel

Engel im Festtrubel

Alice von Gaudy
42 Weihnachtslegende

Konrad Bruderer
44 Und der Engel lächelt

Walter Benjamin
48 Ein Weihnachtsengel

Ruth Schmidt-Mumm
51   Wie man zum Engel wird

Ina Brock
55   Dagobert, der Weihnachtsengel

Charles Tazewell
66   Das Weihnachtsgeschenk des kleinen Engels

Weihnachtsengel halten Wort

Andreas Knapp
74   Wie ein Engel aussieht

Rodolf Otto Wiemer
84   Der kleine Engel aus Goldpapier

Kurt Tucholsky
88   Himmlische Nothilfe

Hanns Dieter Hüsch
92   Mein Schutzengel

Johannes Kuhn
95   Das Licht war schneller

Werner Reiser
103   Der verhaftete Friedensengel

Christa Spilling-Nöker
113   Vom Engel, der die Welt verwandeln wollte

ENGELFREUDE IM ADVENT

Entdecke die
Schönheit in
deinem Leben.
Ein Engel hat sie
dir geschickt.

Mathilde von der Au

Charlie Wenk–Schlegel

Wenn Menschen zu Engeln werden

Es war kurz vor Weihnachten, am zweiten Adventssonntag. In der Predigt sprach ich über Johannes den Täufer und seine Reden am Ufer des Jordan: „Wer zwei Hemden hat, teile mit dem, der keines hat, und wer zu essen hat, tue desgleichen." (Lk 3,11)

Nach dem Gottesdienst dann die Überraschung. Ein Mann sprach mich an: „Könnten Sie tausend Franken brauchen? Wissen Sie, für Menschen, die es schwer haben, gerade an Weihnachten. Meine Frau und ich haben beschlossen: So viel, wie wir für Geschenke ausgeben, so viel möchten wir auch an andere Menschen, die wir nicht kennen, weitergeben."

Ich wusste sehr wohl von Menschen, die das Geld brauchen konnten. Zum Beispiel von zwei alleinerziehenden Müttern, die finanziell nicht auf Rosen gebettet waren. Frau K. war tief bewegt, als ich ihr das Geld überbrachte: „Jetzt kann ich Fabrice endlich den Fußballbeitrag für das

nächste halbe Jahr bezahlen!" Und neue Kickschuhe liegen auch noch drin. Das ist etwas, was er sich von ganzem Herzen gewünscht hat." Mit dem nächsten Besuch brachte ich Frau T. zum Strahlen: „Darf ich das Geld für einen Kurs verwenden? Ich möchte meine KV–Kenntnisse auffrischen."
Von der Freude der beiden Frauen angesteckt, erzählte ich am Heiligen Abend im Mitternachtsgottesdienst vom Engel, der hinter dem Geldboten gestanden hatte, und vom Strahlen der alleinerziehenden Mütter.
Ein Jahr später rief mich ein Gemeindemitglied an: „Sie haben doch letztes Jahr im Gottesdienst die wahre Geschichte von den tausend Franken erzählt. Wissen Sie, die von den beiden Familien, von dem Jungen mit dem Fußballkurs und der Frau mit der KV–Ausbildung. Dieses Jahr möchte ich Ihnen auch tausend Franken vorbeibringen."
Einen Moment lang fehlten mir die Worte, so sehr freute ich mich. „Noch so gerne", antwortete ich dann.
Wir vereinbarten einen Termin. Kurz vor der abgemachten Zeit klingelte es an der Tür. Doch es war nicht der Mann vom Telefon, sondern der Spender vom vergangenen Jahr.
„Hier bin ich wieder – Sie wissen schon – die tausend Franken." Kaum hatte ich das Geld entgegen genommen und mich herzlich bedankt, klingelte es zum zweiten Mal. Es war der neue Geldengel. Während der eine sich verabschiedete, betrat der andere das Haus. Unter der Tür begegneten sie sich, grüßten sich kurz und gingen weiter. Keiner von beiden wusste, wer der andere war und was er bei mir wollte. Schließlich ist das ja auch ganz biblisch,

dachte ich für mich: Die linke Hand soll nicht wissen, was die rechte tut ...

Ich brauche nicht weiter auszuführen, wovon die Weihnachtspredigt in diesem Jahr handelte. Noch selten haben die Zuhörenden jedenfalls so wohlwollend geschmunzelt. Und das Schöne dabei: Seither freuen sich an Weihnachten immer mehr Familien, die mit knappen Finanzen durchkommen müssen. Denn im Briefkasten liegt plötzlich ein Umschlag mit Geldnoten. Jemand hatte mir vorher einen Brief zugesteckt: „Es ist doch bald Weihnachten. Und Sie wissen sicher, wer in Ihrer Gemeinde das Geld brauchen kann." Eine andere Familie bringt mir regelmäßig Reiseschecks vorbei.

Diese Geldboten – manchmal frage ich mich, ob sie wohl verwandt sind mit den Weihnachtsengeln auf dem Feld vor Betlehem. Und ob dies eine moderne Art ist, die Botschaft von damals weiterzutragen?

Angelika Mechtel
Der Engel auf dem Dach

Es war einmal eine Großmutter, die hatte kein Talent für Weihnachten. Sie konnte weder backen noch stricken noch singen oder gar Geschichten erzählen. Sie hatte auch keine Lust dazu. Viel lieber setzte sie sich am Heiligabend auf einen Kamin, hoch oben auf einem Hausdach, und schaute den Weihnachtsengeln beim Fußballspielen zu.

So könnte diese Geschichte, die, das schwöre ich, ganz bestimmt kein Märchen ist – oder vielleicht doch? –, beginnen. Aber ich fange lieber einen Tag früher an und erzähle, was wirklich passiert ist.

Das gibt es doch nicht, denke ich, das gibt es doch nicht, dass mir überhaupt nichts einfällt!

Seit zwei Stunden sitze ich am Schreibtisch und zerbreche mir den Kopf über eine Geschichte, die ich erfinden will. Sich den Kopf zu zerbrechen ist glücklicherweise nur eine Redensart. Und so ist mein Kopf selbstverständlich noch ganz in Ordnung. Trotzdem fällt mir einfach nichts ein.

Schließlich stehe ich vom Schreibtisch auf, trete ans Fenster und sehe hinaus. Genau in diesem Augenblick passiert es. Ich entdecke einen Weihnachtsengel auf der Fernsehantenne. Wenn ich sonst aus dem Fenster gucke, sehe ich Hausdächer, Schornsteine, Kirchturmspitzen, Baumspitzen, große und kleine Dachfenster, ich sehe Leute, die sich hinter den Fenstern bewegen, den Himmel über der Stadt und die Wolken und natürlich eine Menge Fernsehantennen, größere und kleinere, solche, die der Wind schief gestellt hat, andere, die wie dünne rostige Bäume mit vielen Ästen aussehen. Manchmal sitzt eine Amsel auf so einem Ast aus Metall, aber niemals ein Weihnachtsengel.

Der, den ich entdecke, der sitzt auch nicht; der macht Klimmzüge an einer Fernsehantenne. Er sieht ganz normal aus, wie Weihnachtsengel eben so aussehen: ungefähr so groß wie ein Zehnjähriger, schwarze Wuschelhaare, eine Stupsnase, zwei Flügel auf dem Rücken, dort, wo sie hingehören, und ein weißes, langes Hemd am Leib.

Ich reiße erschreckt das Fenster auf: „He!" schreie ich hinüber zum anderen Hausdach. „He, du! Pass auf, dass du nicht runterfällst!"

So ein Unsinn. Er hat ja Flügel.

Mit einem Bauchaufschwung setzt er sich rittlings auf einen Antennenarm, schaukelt fröhlich hin und her und streckt mir die Zunge heraus.

Dürfen Weihnachtsengel das?

„Ich übe!" ruft er zurück. „Ich übe für die Weihnachtsengelweltmeisterschaft!"

Weihnachtsengelweltmeisterschaft? Nie davon gehört. Es scheint ein zutraulicher Weihnachtsengel zu sein. Etwas später fliegt er von einem Hausdach zum anderen und setzt sich auf mein Fensterbrett.

„Wann findet denn die Weihnachtsengelweltmeisterschaft statt?" erkundige ich mich.

„An Weihnachten, wann sonst?" Seine Hände sind schwarz vom Herumturnen an der Fernsehantenne. Er wischt sie an seinem schönen weißen Hemd ab. Wie zufällig berühre ich einen seiner Flügel mit den Fingerspitzen. Er fühlt sich ganz echt an und sieht aus, als sei er aus großen weißen Federn gemacht.

„An Weihnachten", wende ich ein, „an Weihnachten habt ihr doch etwas anderes zu tun."

Er baumelt mit den nackten Füßen, grinst fröhlich und fragt, ob ich ihm nicht ein Glas Milch spendieren könnte. Milch ist gut, wenn einer sportlich fit bleiben möchte.

Ich bitte ihn, nicht wegzufliegen, und hole aus der Küche ein großes Glas Milch. Das trinkt er in einem Zug aus, wischt sich die Lippen mit dem Handrücken ab und hat nun Dreckspuren im Gesicht.

„Warum macht ihr die Weltmeisterschaft nicht im Sommer?" frage ich. „Da habt ihr doch nichts zu tun."

Wahrscheinlich, überlege ich, sage es aber nicht laut, wahrscheinlich liegen Weihnachtsengel im Sommer auf der faulen Haut unter einem Sonnenschirm am Strand und lassen es sich gutgehen, während ich auch im Sommer Geschichten erfinde. „Geht nicht", antwortet er. „Im Sommer halten Weihnachtsengel Sommerschlaf."

Na bitte. Aber zur Weihnachtszeit, da haben Weihnachtsengel doch alle Hände voll zu tun, so, wie die Osterhasen zu Ostern. Oder etwa nicht? Wie, bitte schön, findet ein Osterhase zu Ostern Zeit, an einem Reck zu turnen, Kugeln zu stoßen oder einen Speer zu werfen? Denn alles das gehört ja zu einer Weltmeisterschaft.

Der Weihnachtsengel auf dem Fenstersims meiner Dachwohnung im vierten Stock erzählt mir stolz, dass er letztes Weihnachten die Bronzemedaille am Reck geholt hat. Dieses Jahr will er Silber schaffen und beim nächsten Mal natürlich Gold.

Die Weihnachtsengelweltmeisterschaft selbst findet am Heiligabend statt, erklärt er mir. Dann sprinten die kleinen Engel über Hausdächer, springen von Kamin zu Kamin oder im Stabhochsprung quer über eine Straße von einer Regenrinne zur anderen. Zum Kugelstoßen benutzen sie Flachdächer, zum Gerätturnen die Fernsehantennen, und das Bodenturnen absolvieren sie selbstverständlich in der Luft, hoch über der Stadt, wie Engel das eben so tun; sie haben ja Flügel.

„Und was ist mit der Bescherung an Heiligabend?" will ich wissen.

Der Weihnachtsengel bohrt nachdenklich in der Nase.

„Die Kinder warten doch auf ihre Geschenke!" sage ich.

„Ja, ja", antwortet er, hört auf, in der Nase zu bohren, und kratzt sich nun etwas verlegen hinterm rechten Ohr. „Du hast ja recht", gibt er zu, und ich bin stolz, dass er mich duzt. Wer kann schon von sich behaupten, mit einem Weihnachtsengel auf du und du zu stehen?

„Du hast ja recht", sagt er noch einmal. „Die Sache ist nur die, dass wir gar nicht mehr gebraucht werden."
Wie bitte? Hat sich Weihnachten etwa verändert? Als ich ein kleines Mädchen war, habe ich jedes Mal auf den Weihnachtsengel gewartet, wegen der Geschenke.
„Wer wartet denn heute noch auf einen Weihnachtsengel?"
Der Weihnachtsengel lacht etwas bekümmert.
„Ihr kauft doch heutzutage die Geschenke in den Warenhäusern und schließt an Weihnachten Fenster und Türen zu. Da hat unsereins keine Chance, das musst du zugeben!"
Ja. Es bleibt mir nichts anderes übrig, als zuzugeben, dass ein Weihnachtsengel heutzutage kaum noch Chancen hat.
„Und deshalb", so erklärt er mir, „haben wir die Weihnachtsengelweltmeisterschaft erfunden. Irgendetwas müssen wir ja an Weihnachten tun, Wir können doch nicht nur dumm aus der Wäsche gucken."
Ich fühle, wie ich genauso bekümmert werde wie er.
Die Weihnachtsengel tun mir leid.
Das scheint jedoch gar nicht nötig zu sein.
Der stupsnasige, wuschelhaarige Weihnachtsengel auf meinem Fensterbrett grinst mich wieder fröhlich an, baumelt mit den Beinen und fragt, ob ich ihm vielleicht einen Regenschirm leihen könnte. Zu Recht. Es sieht nach Regen aus. Ich hole den Regenschirm, den einzigen, den ich als einzigen noch nicht verloren habe, und mein Weihnachtsengel verspricht, gelegentlich wiederzukommen und mir seine Kür an einer Fernsehantenne vorzuturnen.

„Wenn du Lust hast", meint er, „kannst du natürlich auch unser Ehrengast an Weihnachten sein. Du musst dich nur trauen, auf einem Kamin zu sitzen."

Mir wird ein bisschen schwindelig bei diesem Gedanken, aber ich will es mir überlegen.

Dann spannt er den Schirm auf und fliegt davon.

Ich blicke ihm nach. Wenn er, denke ich, wenn er kein Weihnachtsengel und ich nicht schon Großmutter, sondern noch ein kleines Mädchen wäre, ja, dann könnte ich mich sofort in ihn verlieben.

Ich schließe das Fenster, kehre an meinen Schreibtisch zurück und schreibe diese Geschichte auf, die ich gar nicht erst erfinden muss.

So endet diese Geschichte – oder fängt sie gerade erst an? Wie dem auch sei, ich schwöre, ich habe noch nie auf einem Kamin gesessen. Das hat einen guten Grund. Ich bin nämlich nicht schwindelfrei.

Luise Rinser

Engelmessen

Der Herbst ging hin, der Advent begann, und mit ihm kamen jene täglichen frühen Morgenfeiern in der Kirche, die „Engelmessen" hießen. Um sechs Uhr schon begannen sie, noch ehe die kalte frühwinterliche Nacht gewichen war. Ich beschloss, in diesem Jahr keine der Morgenmessen zu versäumen. Es war nicht leicht, den Entschluss auszuführen. Allerlei Widerstände erhoben sich. Meine Mutter, in der Sorge, das frühe Aufstehen und das Verweilen in der kalten Kirche könne meiner Gesundheit schaden, verbot es mir, der Großonkel aber sprach für mich, und endlich willigte die Mutter ein, wohl in der Annahme, dass diese kindliche Laune bald von selbst vorüberginge. Ich erinnere mich mit allen Sinnen an jene Morgen. Um ein halb sechs Uhr klingelte der Wecker im Zimmer meiner Mutter. Davon erwachte ich – und ohne mich zu besinnen – sprang ich aus dem Bett. Es war sehr kalt in dem großen, nie geheizten Zimmer; ich zitterte, so fror ich. Ich eilte über den gepflasterten Gang, lose Steine klapperten, das hohe Gewölbe widerhallte. Noch war es nächtlich dunkel. Ich tastete mich nach dem durchkälteten Waschraum. Das Wasser lief aus dem Hahn in die Schüssel, und dieses erst dumpfe, dann immer heller werdende Geräusch war schlimmer zu überstehen als das plötzliche Verlassen des warmen Bettes. Ein Frühstück gab es nicht vor der Engelmesse, denn es gehörte zur Feier, nüchtern zu sein. So schwierig dies alles für ein Kind war, so erfüllte es mich mit einer unsäglichen Freude. Während ich vor Frost bebte, war ich schon dem Frieren und allem Unbehagen entrückt. Ich hielt eine inständige wortlose Zwiesprache mit dem Morgen. Wenn ich aus dem Hause trat, standen meist die Sterne frostklar und funkelnd über den Giebeln. In der Luft klirrte die Kälte, manchmal fiel leise wolliger Schnee, die Glocken läuteten durch den Morgen, und die Klosterfrauen eilten schweigsam und dunkel zur Kirche. Der Kirchenraum war noch unerhellt, die Tante zog einen Wachsstock aus der Tasche, stellte ihn auf das Betpult, bog das dünne Wachsband in die Höhe und entzündete mit feierlicher Umständlichkeit den Docht. Noch war unser Licht einsam, unzulänglich, aufgesogen von der Nacht, die das hohe Kirchenschiff füllte; bald aber strahlten da und dort ebenfalls kleine Flammen auf, und endlich stand ein Lichterwald über den dunklen Bänken, hell genug, die Gesichter und Gesangbücher zu beleuchten, aber zu schwach, um die tiefe Dämmerung zwischen den Pfeilern, in Nischen und Gewölben zu durchdringen. Sooft das Portal sich öffnete, fuhr ein kalter Windstoß in den Lichterwald und ließ die Flammen heftig flackern, dass sie fast erloschen. Als die Messe begonnen hatte, brannten die Lichter einhellig und still und verströmten mit zartem Knistern köstlichen Wachsduft und milde Wärme. Ich las in einem großen ledergebundenen Gebetbuch, das so alt war, dass „sei" noch mit Ypsilon geschrieben war und dass Stockflecken auf den Blättern waren. Es sprach eine einfältige kindliche Sprache, ich liebte es sehr. Zwischen Gebete waren alte Legenden eingeflochten. Ich las am liebsten von Einsiedlern in der Wüste, deren Herz so einfach und so liebreich war, dass wilde Tiere kamen und ihnen dienten. Mit Begierde atmete ich den Duft von heilig durchsichtigem Geheimnis, der den nüchternen wortkargen Berichten entströmte. In diesen morgendlichen Stunden, da meine Hände und Füße vor Frost brannten, widerfuhren mir mühelos, ungesucht jene Entrückungen in ein leidenschaftliches Glück der inneren Anschauung oder auch in einen bilderlosen, schlafverwandten Frieden, die ich nie und nimmer durch Bußübungen hätte erzwingen können.

Christa Kozik

Der Engel mit dem goldenen Schnurrbart

Lilli und der Engel Ambrosius saßen an diesem Abend noch lange beisammen und erzählten sich Geschichten.
Vom Nebenzimmer kam Musik aus dem Fernseher und das dunkle Lachen von Lillis Mama.
Lilli und Ambrosius stellten sich im Nachthemd ans offene Fenster. Warme Abendluft strömte herein und der herbe Geruch des Stadtfrühlings, gemischt mit Benzin.
Tief unten lag die Stadt, erleuchtet durch die Laternenketten, die huschenden Lichter der Autos und die tausend verschiedenfarbigen Fensteraugen der Stadt.
Im 21. Stockwerk ist man der Erde ferner und dem Himmel näher. Nachtblau und weit war der Himmel, und die Sterne glänzten wie Gänseblümchen auf einer nächtlichen Wiese.
Ambrosius und Lilli steckten ihre Köpfe dicht zusammen. Sie redeten nichts, weil sie spürten, wie schön und erhaben es war, zusammen diesen unendlichen Nachthimmel

mit seinen geheimnisglitzernden fernen Sternen zu betrachten.

Und Lilli fühlte sich dem Engel so nahe, obwohl ihr Herz vor Staunen tief erschrak, dass er, der da neben ihr stand, aus dieser Unendlichkeit gekommen war. Und als sie Ambrosius von der Seite ansah, bemerkte sie wieder das geheimnisvolle Leuchten, das von seinem Gesicht ausging.

„Erzähl mal was aus deinem Engelsleben da oben", beendete Lilli das Schweigen.

Ambrosius erzählte, dass das Leben im Himmel schwebeleicht und leise war. Ein Tag glich dem anderen in Stille und Eintracht zwischen den weichen Wolken. Man sprach mit gedämpfter Stimme zueinander, war lieb und stritt sich nie und machte sich nicht schmutzig. Strahlend hell war alles und voll süßer Musik.

„Ehrlich gesagt, es roch ein bisschen langweilig", fügte er hinzu.

„Und was hast du den ganzen Tag gemacht?"

„Ich war im Engelchor. Der besteht aus Tausenden von Engeln. Ich stand in der 320. Reihe, Platz 903. Wir mussten von morgens bis abends in der Reihe stehen und singen, mit ganz hoher Stimme. Und nur Loblieder – immer nur Loblieder. Zu Ehren Gottes. Und weil mich das anödete, habe ich gebrummt. Da wurde ich versetzt."

„Etwa in die Hölle?" fragte Lilli.

Milde lächelte Ambrosius.

„Ach wo, ich musste Sterne zählen, und die vom Himmel abgefallenen Sterne musste ich aus dem Sternenbuch streichen."

„Ja, das haben wir in der Schule gelernt: Die Sterne fallen durch verminderte Schwerkraft vom Himmel. Sst. Weg sind sie", unterbrach Lilli eifrig.

„So oder so. Jedenfalls sterben die ältesten Sterne und fallen als Sternschnuppen zur Erde. Und eines Tages bekam ich eine ungeheure Sehnsucht nach der Erde; nach dem Meer, dem Wald, den Wiesen, den Blumen. Und vor allem nach den Menschen."

Er sah Lilli in die Augen und berührte mit seinem Finger ganz sachte ihre Wange.

„Bist du mit einer Rakete vom Himmel auf die Erde gekommen?" fragte Lilli.

Der Engel schüttelte den Kopf.

„Mit einer Sternschnuppe. Ich hatte schon lange an Flucht gedacht. Eines Abends kam so eine Sternschnuppe ganz dicht an der Wolke vorbei, auf der ich saß. Und ich habe den Stern am Schwanz gepackt und mich daran festgeklammert. So bin ich durch fünf Himmel geflogen, durch sehr dicke Wolkenschichten. Mein Kopf brummt immer noch, denn es ist sehr anstrengend, durch dicke Wolkenschichten zu stoßen. Es vergeht einem Hören und Sehen, nur weißer Nebel, eiskalt. Aber ich hab' den Schwanz des Sternes nicht losgelassen, auch nicht, als ich das Bewusstsein verlor. Ja, und als ich wieder zu mir kam, lag ich in dieser dummen Pfütze am Stadtrand.

„Liegt die Sternschnuppe noch in der Pfütze?" fragte Lilli. Ambrosius zuckte die Schultern.

„Du, die müssen wir unbedingt suchen. Ich wollte schon immer mal eine Sternschnuppe finden. Aber sag mal, wa-

rum hast du keine Rakete genommen? Es schweben doch jetzt so viele da oben rum?"
Wieder zuckte der Engel bedauernd die Schultern, meinte nur, dass er sich vor der modernen Technik fürchtete. Lilli gähnte.
„Langweile ich dich?" fragte der Engel.
„Ja, aber es ist nett, von dir gelangweilt zu werden."
„Wir können, wenn du willst, mal zusammen auf den Mond fliegen", schlug Ambrosius vor.
„Es soll öde auf dem Mond sein", meinte Lilli. „Ich fahr' in den Ferien lieber aufs Land, zu Oma Anna und dem Ziegenbock August und zu den Schafen und Kühen. Da riecht es gut, ganz anders als in der Stadt. Du kannst mitkommen. Ich glaube, Oma Anna hat Engel gern. Sie hat ein schwarzes großes Buch, das heißt Bibel, und sonntags geht sie in die Kirche."
Jetzt schob sich der Mond aus einer Wolke hervor und stand als grünsilberne Kugel über den Hochhäusern.
„Ich könnte dein Schutzengel sein, wenn du möchtest", sagte Ambrosius.
„Nett von dir, brauchst du aber nicht. Ich kann schon alleine auf mich aufpassen. Und dann sind ja noch die Erwachsenen da, die einen nicht aus den Augen lassen. Das wirst du noch merken."
Ambrosius machte ein beleidigtes Gesicht. Er bewegte ein wenig die Flügel und berührte Lillis Arm. Neugierig fasste sie seine Flügel an. Am äußeren Rand waren die Federn seidenweich.
„Flügel sind wirklich praktisch", meinte Lilli.

„Man braucht kein Auto und kommt überallhin, ohne Benzin und Luftverpestung. Meinst du, dass den Menschen auch Flügel wachsen können?"
Wieder zuckte Ambrosius mit den Schultern.
„Wer sind denn deine Eltern?" fragte Lilli weiter.
Ambrosius legte die Arme aufs Fensterbrett und den Kopf auf die Arme.
„Meine Herkunft ist für himmlische Verhältnisse etwas eigenartig. Ich bin im siebenten Himmel über Griechenland geboren."
Jetzt fiel Ambrosius ins Flüstern.
„Bitte, sag es keinem weiter, es muss ein Geheimnis bleiben: Ich bin aus einem Ei gekrochen!"
„Dann bist du also ein Himmelsvogel. Na ja, ich hab' mich schon gewundert, weil du schwarze Haare hast. Denn die Engel auf den Weihnachtsbildern haben immer goldene Haare."
„Ja, das war mein großer Kummer."
Ambrosius seufzte tief.
„Ich war nämlich der einzige Engel im Himmel mit schwarzen Haaren. Das schwarze Schaf des Himmels."
Was es so alles gibt, dachte Lilli. Ich bin krank und hab' keine Schule und lerne doch allerlei.
„Aber du hast einen schönen goldenen Schnurrbart", tröstete ihn Lilli.
„Den hab' ich aber später erst bekommen."
„Das ist auf der Erde genauso. Da kommen die kleinen Jungen auch nicht mit Schnurrbart auf die Welt", erläuterte Lilli.

„Ja, aber bei mir war es deshalb, weil ich aus einer fremden Flasche getrunken habe. Goldwasser. Während des Trinkens merkte ich, wie es unter meiner Nase kitzelte, und als ich hinfasste, spürte ich, dass mir ein Schnurrbart wuchs."

„Man soll eben nicht aus unbekannten Flaschen trinken", gähnte Lilli laut.

Draußen begann es wieder leise zu regnen. Lilli schloss das Fenster.

„Am besten, du schläfst auf dem Schrank", meinte sie zu Ambrosius. „Wenn Mama reinkommt, entdeckt sie dich nicht gleich, und morgen werden wir weitersehen."

„Ich schlafe gern auf dem Schrank", meinte Ambrosius. „Da kann ich prima ins Bett fliegen."

Lilli nahm die Schaumgummikissen von der Rücklehne ihres Sofas und schleuderte sie auf den großen alten Schrank. Sie gab Ambrosius noch ein kleines Kissen und eine Schlafdecke.

„Nachthemd haste ja an."

Der Engel Ambrosius flog auf sein Schrank-Bett und legte sich auf den Bauch.

Ich muss euch nicht erklären, dass Engel auf dem Bauch schlafen, denn sonst drücken ja ihre Flügel.

Lilli löschte das Licht.

„Gute Nacht, Ambrosius."

„Gute Nacht, liebe Lilli."

Er murmelte noch sein Nachtgebet. Aber das hörte Lilli schon nicht mehr. Nur einmal wachte sie nachts auf, denn das Glöckchen des Engels bimmelte, als er sich im Schlaf auf die Seite drehte.

Das war beruhigend und anheimelnd und erinnerte Lilli an Weihnachten. Und als sie zum Schrank hinaufblickte, sah sie sein Gesicht im Dunkeln leuchten.

Jutta Fellner-Pickl
Warum der Engel lachen musste

Die bevorstehende Geburt des Christkinds bereitete den Engeln ziemliches Kopfzerbrechen. Sie mussten nämlich bei ihren Planungen sehr vorsichtig sein, damit die Menschen auf Erden nichts davon bemerkten. Denn schließlich sollte das Kind in aller Stille geboren werden und nicht einen Betrieb um sich haben, wie er in Nazareth auf dem Wochenmarkt herrschte.

Probleme gab es auch bei der Innenausstattung des Stalles von Bethlehem. An der Futterraufe lockerte sich ein Brett – aber hat jemand schon einmal einen Engel mit Hammer und Nagel gesehen?! Das Stroh für das Krippenbett fühlte sich hart an, das Heu duftete nicht gut genug, und in der Stalllaterne fehlte das Öl.

Aber auch was die Tiere anbetraf, gab es allerhand zu bedenken. Genau an dem für den Engelschor auserwählten Platz hing ein Wespennest. Das musste ausquartiert werden. Denn wer weiß, ob Wespen einsichtig genug sind, um das Wunder der Heiligen Nacht zu begreifen? Die Fliegen, die sich Ochse und Esel zugesellt hatten, sollten dem göttlichen Kind nicht um das Näslein summen oder es gar im Schlafe stören. Nein, kein Tier durften die Engel vergessen, das etwa in der hochheiligen Nacht Unannehmlichkeiten bereiten könnte.

Unter dem Fußboden im Stall wohnte eine kleine Maus. Es war ein lustiges Mäuslein, das sich nicht so schnell aus der Ruhe bringen ließ, höchstens, wenn die Katze hinter ihm her war. Aber dann flüchtete es schnell in sein Mäuseloch zurück. Im Herbst hatte die Maus fleißig Früchte und Körner gesammelt; jetzt schlief sie in ihrem gemütlichen Nest. Das ist gut, dachte der verantwortliche Engel, wer schläft, sündigt nicht, und bezog die Maus nicht weiter in seine Überlegungen ein.

Nach getaner Arbeit kehrten die Boten Gottes in den Himmel heim. Ein Engel blieb im Stall zurück; er sollte der Mutter Maria in ihrer schweren Stunde beistehen. Damit aber keiner merkten konnte, dass er ein Engel war, nahm er seine Flügel ab und legte sie sorgsam in eine Ecke des Stalles.

Als die Mutter Maria das Kind gebar, war sie sehr dankbar für die Hilfe des Engels. Denn kurz darauf kamen schon die Hirten, nachdem sie die frohe Botschaft gehört hatten, und der Hütehund und die Schafe. Obwohl die Männer sich bemühten, leise zu sein, und sozusagen auf Zehenspitzen gingen, klangen ihre Schritte doch hart und der Bretterboden knarrte.

War es da ein Wunder, dass die Maus in ihrem Nest aufwachte? Sie lugte zum Mäuseloch hinaus und hörte die Stimme „ Ein Kind ist uns geboren ...", konnte aber nichts sehen. Neugierig verließ sie ihr schützendes Nest – und schon war die Katze hinter ihr: Schnell wollte das Mäuslein in sein Mäuseloch zurück, aber ein Hirte hatte inzwischen seinen Fuß darauf gestellt. „Heilige Nacht hin oder her", sagte die Katze zu der entsetzten Maus, „jetzt krieg ich dich!" Und damit ging die wilde Jagd los. Die Maus in ihrer Angst flitzte von einer Ecke in die andere, sauste zwischen den Beinen der Hirten hindurch, huschte unter die Krippe – und die Katze immer hinterher: Zwischenzeitlich bellte der Hütehund und die Schafe blöckten ängstlich. Irgendwo gackerte aufgeregt eine Henne. Die Hirten wussten nicht recht, was los war, denn eigentlich waren sie gekommen, um das Kind anzubeten. Aber sie konnten ja ihr eigenes Wort nicht mehr verstehen, und alles rannte durcheinander. Es ging zu wie in Nazareth auf dem Wochenmarkt.

Als die Engel im Himmel das sahen, ließen sie buchstäblich ihre Flügel hängen. Es ist tröstlich zu wissen, dass auch so unfehlbare Wesen wie Engel nicht an alles denken. Das Mäuslein indessen befand sich in Todesangst. Es glaubte seine letzte Sekunde schon gekommen, da flüchtete es in seiner Not unter die Engelsflügel. Im gleichen Moment fühlte es sich sachte hochgehoben und dem Zugriff der Katze entzogen. Das Mäuslein wusste nicht, wie ihm geschah. Es schwebte bis unters Dachgebälk, dort hielt es sich fest. Außerdem hatte es jetzt einen weiten

Blick auf das ganze Geschehen im Stall.
Die Katze suchte noch ungläubig jeden Winkel ab, aber sonst hatte sich alles beruhigt. Der Hütehund bewachte die ruhenden Schafe. Die Hirten knieten vor der Krippe und brachten dem Christkind Geschenke dar. Alles Licht und alle Wärme gingen von diesem Kinde aus. Das Christkind lächelte der Maus zu, als wollte es sagen, „Gell, wir wissen schon, wen die Katze hier herunten sucht." Sonst hatte niemand etwas von dem Vorkommnis bemerkt. Außer dem Engel, der heimlich lachen musste, als er die Maus mit seinen Flügeln sah. Er kicherte und gluckste trotz der hochheiligen Stunde so sehr, dass sich der heilige Josef schon irritiert am Kopf kratzte. Es sah aber auch zu komisch aus, wie die kleine Maus mit den großen Flügeln in die Höhe schwebte.
Die erstaunte Maus hing also oben im Dachgebälk in Sicherheit. Und ihre Nachkommen erzählen sich noch heute in der Heiligen Nacht diese Geschichte. Macht ihnen die Speicher und Türme auf, damit sie eine Heimat finden, die Fledermäuse, wie damals im Stall von Bethlehem.

Alma Larson
Engel

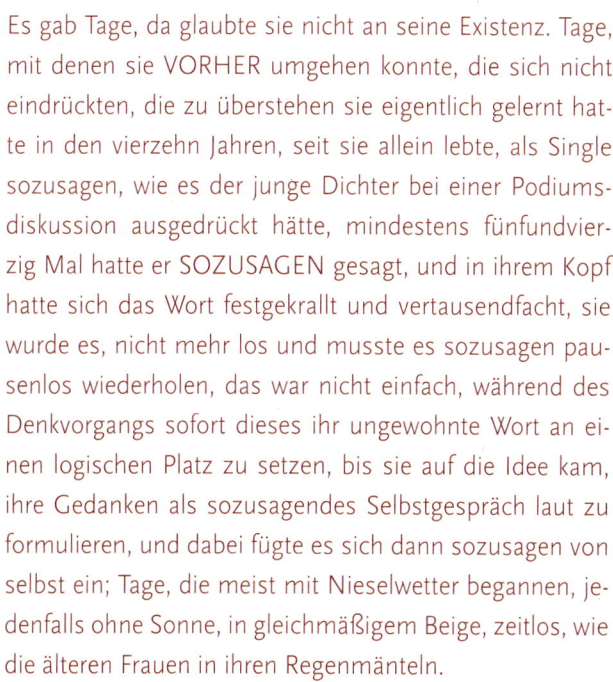

Es gab Tage, da glaubte sie nicht an seine Existenz. Tage, mit denen sie VORHER umgehen konnte, die sich nicht eindrückten, die zu überstehen sie eigentlich gelernt hatte in den vierzehn Jahren, seit sie allein lebte, als Single sozusagen, wie es der junge Dichter bei einer Podiumsdiskussion ausgedrückt hätte, mindestens fünfundvierzig Mal hatte er SOZUSAGEN gesagt, und in ihrem Kopf hatte sich das Wort festgekrallt und vertausendfacht, sie wurde es, nicht mehr los und musste es sozusagen pausenlos wiederholen, das war nicht einfach, während des Denkvorgangs sofort dieses ihr ungewohnte Wort an einen logischen Platz zu setzen, bis sie auf die Idee kam, ihre Gedanken als sozusagendes Selbstgespräch laut zu formulieren, und dabei fügte es sich dann sozusagen von selbst ein; Tage, die meist mit Nieselwetter begannen, jedenfalls ohne Sonne, in gleichmäßigem Beige, zeitlos, wie die älteren Frauen in ihren Regenmänteln.

Seit ein paar Jahren notierte sie an solchen Tagen kurze Texte, in denen sie Wörter ausprobierte, über die sie gestolpert war und die sie sich schreibend einzuverleiben versuchte. Manche Wörter passten auf Anhieb, wie maßgeschneidert sozusagen, doch viele legte sie, wenn sie in einem Satzgefüge untergebracht waren, rasch wieder ab. Den Ordner, in dem sie die Blätter sammelte, hatte sie WORTSCHÄTZE genannt. Mit Erstaunen bemerkte sie, dass sie sich plötzlich in einer Situation befand, die sie nicht angemessen beschreiben konnte. Wie nennt man zum Beispiel den Zustand von angespannter Erwartung eines Klingelzeichens, eines verhaltenen Knatterns, das mit dem entschiedenen RATSCH einer abgeschnittenen Seite endet, und wie nennt man den Menschen, der diese ersehnten Geräusche in Gang setzt? Müsste man nicht zusätzlich zu jeder neuen Erfindung ein Lexikon mit passen Vokabeln für die sich daraus entwickelnden Situationen, jenseits aller technischen Handbücher, herausgeben? Seit sich ihre Welt in VORHER und NACHHER aufgespaltet hatte durch den Erwerb eines Faxgeräts, war sie sich überraschenderweise des Ortes, an dem sie sich gerade befand, nicht mehr sicher. An schlechten Tagen schien ihr die ganze Geschichte sozusagen aus der Luft gegriffen, denn sie wusste praktisch nichts über den Verfasser der Faxe, die sie seit Anfang Dezember erhielt. Immerhin war sie inzwischen im Besitz einiger Dinge, die er ihr ganz konventionell mit der Post geschickt hatte, Devotionalien dachte sie, stand auf und ging zum Bücherregal, um im Fremdwörterlexikon nachzuschauen, denn sie war nicht von hier, also nicht katholisch, also mit einer nur vagen Vorstellung von dem, was Devotionalien waren, und während sie blätterte, erschien auf ihrem inneren Bildschirm ein Laubhaufen, der nach einem kräftigen Windstoß eine devote Vagina preisgab, das war ihr geläufig, dieses rasche Zappen zwischen Wörtern und Bildern, es passierte ihr sozusagen unwillkürlich, schon damals, als es bei drei Fernsehprogrammen noch nicht viel zu zappen gab. DER ANDACHT DIENENDE GEGENSTÄNDE, ja genau, dachte sie, der kleine Kleeblatt-Anhänger, die Steine, die Räucherstäbchen, das hatte alles eine besondere Bedeutung, auch wenn sie es noch nicht zuordnen konnte. Und natürlich seine Faxe, die musste sie unbedingt kopieren, bevor sie auf dem Thermopapier verblassten – keinen Punkt, davon wollte sie missen, dachte sie und fand ihre Wortwahl ziemlich antiquiert. Manchmal baute sie die Dinge zu einem kleinen Altar auf, und, umnebelt von Räucherschwaden, beschwor sie vor ihrem inneren Auge gemeinsame Abende mit IHM, bei Raffaele, dem gemütlichen Italiener, der so köstliche Antipasti machte.

Dass es keine gewöhnliche Beziehung werden würde, wusste sie von vornherein, obwohl sie, was die praktische Seite von Beziehungen betraf, etwas aus der Übung war. Manchmal gerieten ihr mit den gefaxten Wörtern Bruchteile von Bildern vor Augen, die nicht dem realen Leben entstammen. Diese Geschichte schien in einer anderen Zeit, gar auf einem anderen Stern zu spielen, und es kamen ihr Zweifel, ob es ihn wirklich gab. Warum hatte sie überhaupt die Idee, ihn sozusagen für eine himmlische

Erscheinung zu halten: schon gleich mit den ersten Faxen, als seine Zeilen aus dem Nichts bei ihr eintrafen und er ja in ihrer Vorstellung keinerlei Gestalt besaß, oder erst später, als die Texte immer rascher aufeinander folgten, bis sie – Kette und Schuss – ein dichtes Gewebe bildeten, das sie einhüllte, wärmte, erstickte, und aus dem sie sich wieder entwickelte, leichter, schwebender, mit viel Abstand zwischen den Zellen, so dass sie sich wie ein Luftballon fühlte? Nur gut, dass etwas sie noch festhielt an den Faden, der an ihren Nabel geknüpft war, sonst wäre sie abgehoben.

Mit einem Ruck schreckte sie hoch. Das Empfinden, weit fort von ihrem Appartement unterwegs gewesen zu sein, stellte sich immer häufiger ein; gleichzeitig verblasste daneben die Überlegung, wie sie nach dem Ende der Ferien den gewohnten Arbeitsrhythmus wieder aufnehmen konnte. Eine Verlängerung des alten Lebens erschien ihr zu banal, um sich Gedanken darüber zu machen. Seit sie ihm den inneren Platz eingeräumt hatte, kam sie sich selbst ganz neu vor, größer, strahlend, das war auch anderen schon aufgefallen.

Am Tag der Wintersonnenwende wurde es schlagartig dunkel. Er faxte, sie solle jetzt nicht mit weiteren Botschaften rechnen, er habe in den nächsten Tagen viel zu tun. Ihr erstes Bild dazu: dass er als notorisch Unentschlossener im letzten Moment Weihnachtsgeschenke besorgen musste, löschte sie sofort, es schien ihr nicht zu passen. Nun sah sie ihn in einem weißen Gewand durch die belebten Straßen schweben, eine elektrische Eisenbahn in das Asylbewerberheim bringen, eine Kiste Rotwein bei den Obdachlosen unter der Brücke abstellen, doch dann, am Ende seiner Runde, zog er plötzlich das lange Hemd aus – darunter trug er schwarz! – warf sich eine Lederjacke über und landete direkt vor dem einzigen Bordell der Stadt, wo er mit offener Tür erwartet wurde.

Wie konnte sie auch nur einen Augenblick glauben, dass er wirklich sie meinte mit seinen Faxen! Wahrscheinlich hatte er eine junge, blonde Traumfrau nachts in einer der angesagten Bars kennengelernt und dann auf dem Zettel mit ihrer schnell hingekritzelten Telefonnummer eine Zahl falsch entziffert. Sie selbst telefonierte nicht gerne, besonders, wenn sie ihren Gesprächspartner nicht kannte, also hatte sie ihm, als er sich nicht abwimmeln ließ, mit verstecktem Stolz auf das neue Gerät vorgeschlagen, man könne sich gelegentlich ein Fax schicken. Wie rasch wurde aus dem GELEGENTLICH ein TÄGLICH, ja manchmal STÜNDLICH. Es war unvorstellbar: sie verstanden sich, als wären sie aus einem Ei geschlüpft. Worüber sie auch schrieben, es bedurfte keiner Erklärung. Sie überboten sich bald mit Kombinationen von mehreren Sprachen, lateinischen Zitaten, verrückten Wortspielen, erfundenen Namen, und manchmal hätte sie kaum sagen können, welcher Text von wem stammte, so ähnlich war der Klang. Es hätte ewig weitergehen können, fand sie, doch er fragte immer eindringlicher, wann man sich endlich treffen könnte. Sie zweifelte, ob sie sich darüber freuen sollte, immerhin war sie nicht mehr die Jüngste, und im Schutz der optischen Anonymität hatte sie sich vielleicht zu weit vorgewagt; wer weiß, was er sich unter ihr vorstellte, dachte sie und hatte sofort die junge Blondine vor Augen. Unsicher zögerte sie ein Treffen wieder und wieder hinaus.

Nun also, kurz vor dem Fest, kam seine Absage, denn nichts anderes konnte mit diesem Fax gemeint sein, er wollte bestimmt reinen Tisch machen, das neue Jahr nicht mit solchen Altlasten wie ihr beginnen. Hätte er nicht wenigstens bis Dreikönig warten können, dachte sie, eingesponnen in ihre Illusionen, damit sie den unvergesslichen Jahrtausendwechsel in leuchtenden Farben erinnern konnte anstatt in dem vertrauten, verhassten Beige? Schließlich wusste er um die Bedeutung der zwölf Rauhnächte, in denen die Träume vorgaben, was man von den nächsten zwölf Monaten zu erwarten hatte. Wie konnte ein Engel ihr so etwas antun?

Die Feiertage ließ sie in völliger Apathie an sich vorbeiziehen. Sie schien unter einer Glocke zu leben, in die nichts von außen eindrang, kein Klingeln, keine Faxe, dumpf, bewegungslos verharrte sie, während Schreckensvisionen sie heimsuchten. Wo eigentlich lauerten die Dämonen, Werwölfe und entsetzlichen Fratzen, waren das noch Träume? Unwiderstehlich fühlte sie sich angezogen von einer Höhle, an deren Eingang ein Zerberus wachte; ihn kannte sie schon seit ihrer Kindheit und wusste, wie er sich ablenken ließ, damit sie rasch vorbeihuschen konnte. Die Höhle war in dunkelrotes Licht getaucht. Als sich ihre Augen an die Beleuchtung gewöhnt hatten, sah sie an der Wand gegenüber Reisigbesen hängen, der Größe nach geordnet. Was sie zunächst für Lametta hielt, das zwischen den Reisern funkelte, entpuppte sich bei genauem Hinsehen als Stacheldrahtspitzen. Gerade als sich ein furchterregender Schatten auf sie zu bewegte, sprang ihr Faxgerät an: Können wir uns heute Abend treffen, um 9 Uhr bei Raffaele, es ist dringend, el – er unterschrieb immer mit el, klein, ohne Punkt. Es war der sechste Januar, das Fest der Heiligen Drei Könige, das Ende der Rauhnächte. Sollte alles, was sie seit Weihnachten erlebt hatte, nur ein Spuk gewesen sein? Ok., faxte sie überrumpelt zurück, bis nachher.

Mit einem Schlag fühlte sie sich lebendig, das Blut raste durch ihren Körper, die Gedanken schossen durcheinander wie Lottokugeln, sie wollte, sie musste den Hauptgewinn haben! Wo war die Tube mit dem glitzernden Make up, nein, erst nochmal duschen, dann die Haare, oder sollte sie ausnahmsweise zum Friseur, vielleicht blonde Strähnchen, quatsch, sie lachte kurz auf, was konnte denn so dringend sein, bleib cool, du bist schließlich erwachsen, wahrscheinlich haben sie ihm im Bordell das Geld geklaut und er will sich jetzt welches leihen, geschieht ihm recht, Engel haben dort nichts verloren, und sie beschloss, auch das Make up wegzulassen, denn war sie nicht gerade schon tot gewesen, vergessen von IHM, seit Tagen regungslos im Sessel hockend, und waren nicht die falschen Bilder in ihrem Kopf, die keine Verbindung zur Weihnachtsgeschichte hatten, Beweis genug dafür, dass sie sich längst auf einem anderen Stern befand, sozusagen?

Als sie kurz nach neun in der Pizzeria steht, werden ihr die Knie weich. Laute, fröhliche Stimmen, alle Tische scheinen besetzt, wie sollen sie sich überhaupt finden, sie haben ja ganz vergessen, ein Zeichen auszumachen. Da kommt Raffaele auf sie zu und führt sie quer durch das Lokal zu einem leeren, für zwei Personen gedeckten Tischchen, und bevor sie ihn etwas fragen kann, ist er wieder verschwunden. Hier sieht der Engel mich nie, denkt sie, als es überraschend dunkel wird und drei ausgewachsene Könige mit Kerzen in den Händen und goldenen Kronen auf dem Kopf zu singen beginnen. Sie ist verwirrt: soll sie sich ärgern über diese kindischen Italiener, ob ihr Engel wenigstens einen Heiligenschein trägt, damit sie ihn erkennt, ob er überhaupt kommt, wie bestellt und nicht abgeholt sitzt sie dort in der hintersten Ecke, in solchen Momenten fallen ihr nur Sprechblasen ein. Doch der Gesang fängt an, sie zu verzaubern. Sie schaut sich die Könige genauer an und erkennt neben dem Wirt Gianni, seinen Koch, und der dritte, das scheint ein echter Farbiger zu sein, wem sonst konnte eine so warme Bassstimme gehören? Viel zu rasch beenden die Drei ihre Vorstellung, und unter dem begeisterten Applaus der Gäste verteilen sie auf allen Tischen goldene Schokoladenstücke: Münzen, Herzen, Kleeblätter. Aus dem Dämmerlicht taucht jetzt der dunkle Sänger vor ihr auf und entzündet an der Kerze auf ihrem Tisch ein Räucherstäbchen. Der Duft kommt ihr bekannt vor, ist das nicht – darf ich mich setzen, unterbricht er ihre Gedanken und legt ein Schokoladenkleeblatt vor sie hin, ich habe nur noch das eine – erwartungsvoll schaut er sie an und kann zum Glück nicht sehen, was gerade durch ihren Kopf rattert: wenn jetzt der Engel käme und sähe sie dort sitzen, zu zweit, mit diesem Schwarzen, oder ist seine Farbe gar nicht echt, und sie öffnet den Mund, doch es kommt kein Ton heraus, und nach unendlichen Momenten fügen sich die inneren Bruchstücke zusammen und sie weiß: DAS IST ER, und nickt.

ENGEL IM FESTTAGSTRUBEL

O Mensch
lerne tanzen,
sonst wissen die
Engel im Himmel
nichts mit dir
anzufangen.

Augustinus von Hippo

Alice von Gaudy
Weihnachtslegende

In heiliger Nacht flogen Hand in Hand
drei Englein hinab in das jüdische Land.

Sie wollten die seligste aller Frauen
und das göttliche Kind in der Krippe schauen.

Der Stern von Bethlehem war noch wach
und strahlte mild auf das flache Dach.

Sie suchten die Pforte und fanden sie bald
und lugten wechselnd durch heimlichen Spalt.

Sie riefen und baten und klopften ganz sacht,
bis Joseph behutsam aufgemacht.

Im Stall war es dämmrig. Sie schwebten heran
und schauten den schlummernden Heiland an.

Der eine hob hoch die Ampel empor
und breitete schattend sein Flüglein davor.

Der zweite schob sanft in des Kindes Hand
ein Sternlein, gefunden am Himmelsrand.

Der dritte hat fromm vor der Krippe gekniet
und sang mit süßer Stimme ein Lied.

Da zog ein Lächeln, göttlich und licht,
über des himmlischen Kindes Gesicht.

Für alle Zukunft hat es geweiht
die Feier der heiligen Weihnachtszeit:

Die strahlende Leuchte, den Weihnachtsstern
und das fromme Lied zum Preise des Herrn.

Hans-Konrad Bruderer
Und der Engel lächelt

Frau Schweizer, die Lehrerin, war am Ende der Weihnachtsgeschichte angekommen. Eindringlich betonte sie die letzten Sätze:
„Und dann legte die Großmutter dem kleinen Mädchen ihre Hand auf den Kopf und sagte: ‚Dies sollst du dir merken, denn es ist so wahr, wie dass ich dich sehe und du mich siehst. Nicht auf Lichter und Lampen kommt es an, und es liegt nicht an Mond und Sonne, sondern was nottut, ist, dass wir Augen haben, die Gottes Herrlichkeit sehen können.'"
Frau Schweizer legte das Buch aus der Hand und schaute die Kinder, denen sie die Geschichte am letzten Schultag vor Weihnachten vorgelesen hatte, reihum an. Sie wünsche ihnen ein schönes Weihnachtsfest, sagte sie – mit so viel Schnee, wie sie dort in Schweden hätten, wo die Großmutter und das kleine Mädchen aus Sel-

ma Lagerlöfs Geschichte „Die Heilige Nacht" wohnten. Und keine Viertelstunde später hatte der Engel den kleinen Isaak angelächelt! Das stand für den Jungen zweifelsfrei fest: Der dritte Engel links über dem Eingang der großen Kirche hatte ihn angelächelt. Ihn, Isaak Christ, der in drei Monaten sieben Jahre alt wurde. Auf dem Heimweg nach der Schule, als er, wie immer, am Portal der Kirche vorbeiging. Und nicht nur das: Auch eine Bewegung mit der Hand hatte der Engel gemacht, so, als wolle er sagen: „Du, ich drück dir die Daumen!" Was genau das war, was Isaak jetzt nötig hatte. Weil er doch dringend eine Idee brauchte, wegen seines Traums ...

Isaak hatte nämlich geträumt, dass seine Mutter und sein Vater in sein Zimmer kamen, das im Traum zwar mehr wie ein Stall aussah. Und sie kamen miteinander, wie früher, als sie noch alle drei in einer Wohnung wohnten und nicht in zwei Wohnungen wie jetzt. Er hatte geträumt, dass sie miteinander an sein Bett traten, das im Traum allerdings mit Heu gefüllt war. Dass sie ihn anlächelten, wie der Engel vorhin. Und dass ...

Aber da war er dummerweise aufgewacht. Und jetzt fehlte ihm der Schluss des Traumes. Der doch unbedingt dazugehörte und den Isaak seither suchte. Nachts in seinen Träumen versuchte er, die Eltern wieder zusammenzubringen. Aber das war schwierig: Träume machen fast nie das, was man von ihnen erwartet. Tagsüber in seinen Wachträumen hing Isaak dem gleichen Gedanken nach. Das war einfacher und Isaak hatte auch schon einen Plan: Er wollte dafür sorgen, dass Mama und Papa zusammenkommen mussten. Denn wenn sie einmal wieder zusammenkämen, dann würden sie auch zusammenbleiben, das stand für Isaak so zweifelsfrei fest, wie dass der Engel ihn angelächelt hatte.

Aber eben: Wie bringt ein sechsdreiviertel Jahre alter Bub zwei so große und erst noch so verschiedene Menschen wie eine Mutter und einen Vater wieder zusammen, nachdem sie sich entzweit und aus einer Wohnung deren zwei gemacht haben? Was hatte er nicht schon alles in Gedanken durchgespielt und wieder verworfen: Den Nikolaus in beiden Wohnungen vorbeischicken – aber da müsste man dessen Handynummer kennen! Im Bett liegen bleiben und die Augen nicht mehr aufmachen, bis sein Traum Wirklichkeit wurde – aber das konnte echt langweilig werden! Sich im Park hinter der großen Kirche so lange verstecken, bis sie ihn suchen kamen, beide. Aber wenn es dumm ginge, dann würde es in der Zwischenzeit dunkel, und das war dann weniger sein Fall! Bis ihm vor einer Viertelstunde der Engel zugelächelt und mit seiner Handbewegung Mut gemacht hatte. Jetzt war ihm alles klar: Beim Engel mussten sie sich treffen! Dann musste es ganz einfach gut herauskommen mit dem Ende seines Traumes. Und überhaupt: Dann mussten sie sich ganz einfach wieder verstehen. Denn wer könnte einem lachenden, Daumen drückenden Engel widerstehen? Mama und Papa jedenfalls nicht! Und so kam es denn, dass der kleine Isaak Christ zuerst seinen Vater zum Eingang der großen Kirche bestellte, indem er ihn aus einer wichtigen Sitzung herausklingelte. Es war dort gerade diskutiert worden, wie sie in Vaters Firma das Weihnachtsgeschäft kurz vor dem Fest durch gemütvollere Werbung noch einmal voll ankurbeln könnten. Und dann löcherte er seine Mutter so lange, bis sie sich erweichen ließ und mit ihm hinausging, zur großen Kirche, um den lachenden Engel anzuschauen. Und dort ... Eins ist jedenfalls sicher: Der Engel lächelt weiterhin. Und drückt die Daumen.

Walter Benjamin
Ein Weihnachtsengel

Mit den Tannenbäumen begann es. Eines Morgens, noch ehe Ferien waren, hafteten an den Straßenecken die grünen Siegel, die die Stadt wie ein großes Weihnachtspaket an hundert Ecken und Kanten zu sichern schienen. Dann barst sie eines schönen Tages dennoch und Spielzeug, Nüsse, Stroh und Baumschmuck quollen aus ihrem Innern: der Weihnachtsmarkt. Mit ihnen quoll noch etwas anderes hervor: die Armut. Wie nämlich Äpfel und Nüsse mit ein wenig Schaumgold neben dem Marzipan sich auf dem Weihnachtsteller zeigen durften, so auch die armen Leute mit Lametta und bunten Kerzen in den besseren Vierteln. Die Reichen schickten ihre Kinder vor, um jenen der Armen wollene Schäfchen abzukaufen oder Almosen auszuteilen, die sie selbst vor Scham nicht über ihre Hände brachten. Inzwischen stand bereits auf der Veranda der Baum, den meine Mutter insgeheim gekauft und über die Hintertreppe in die Wohnung hatte bringen lassen. Und wunderbarer als alles, was das Kerzenlicht ihm gab, war, wie das nahe Fest in seine Zweige mit jedem Tage dichter sich verspann. In den Höfen begannen die Leierkästen die letzte Frist mit Chorälen zu dehnen. Endlich war sie dennoch verstrichen und einer jener Tage wieder da, an deren frühesten ich mich hier erinnere. In meinem Zimmer wartete ich, bis es sechs werden wollte. Kein Fest des späteren Lebens kennt diese Stunde, die wie ein Pfeil im Herzen des Tages zittert. Es war schon dunkel, trotzdem entzündete ich nicht die Lampe, um den Blick nicht von den Fenstern überm Hof zu wenden, hinter denen nun die ersten Kerzen zu sehen waren. Es war von allen Augenblicken, die das Dasein des Weihnachtsbaumes hat, der bänglichste, in dem er Nadeln und Geäst dem Dunkel opfert, um nichts zu sein als ein unnahbares, doch nahes Sternbild im trüben Fenster einer Hinterwohnung. Und wie ein solches Sternbild hin und wieder eins der verlassnen Fenster begnadete, indessen viele weiter dunkel blieben und andere, noch trauriger, im Gaslicht der frühen Abende verkümmerten, schien mir, dass diese weihnachtlichen Fenster die Einsamkeit, das Alter und das Darben – all das, wovon die armen Leute schweigen – in sich fassten. Dann fiel mir wieder die Bescherung ein, die meine Eltern eben rüsteten. Kaum aber hatte ich so schweren Herzens, wie nur die Nähe eines sichern Glücks es macht, mich von dem Fenster abgewandt, so spürte ich eine fremde Gegenwart im Raum. Es war nichts als ein Wind, so dass die Worte, die sich auf meinen Lippen bildeten,

wie Falten waren, die ein träges Segel plötzlich vor einer frischen Brise wirft:
„Alle Jahre wieder
Kommt das Christuskind
Auf die Erde nieder
Wo wir Menschen sind"

– mit diesen Worten hatte sich der Engel, der in ihnen begonnen hatte, sich zu bilden, auch verflüchtigt. Nicht mehr lange blieb ich im leeren Zimmer. Man rief mich in das gegenüberliegende, in dem der Baum nun in die Glorie eingegangen war, welche ihn mir entfremdete, bis er, des Untersatzes beraubt, im Schnee verschüttet oder im Regen glänzend, das Fest da endete, wo es ein Leierkasten begonnen hatte.

Ruth Schmidt–Mumm
Wie man zum Engel wird

Wie jedes Jahr sollte auch in diesem die sechste Klasse das weihnachtliche Krippenspiel aufführen. Mitte November begann Lehrer Larssen mit den Vorbereitungen, wobei zunächst die verschiedenen Rollen mit begabten Schauspielern besetzt werden mussten.
Thomas, der für sein Alter hoch aufgeschossen war und als Ältester von vier Geschwistern häufig ein ernstes Betragen an den Tag legte, sollte den Joseph spielen. Tinchen, die lange Zöpfe hatte und veilchenblaue Augen, wurde einstimmig zur Maria gewählt. Und so ging es weiter, bis alle Rollen verteilt waren, bis auf die des engherzigen Wirts, der Maria und Joseph, die beiden Obdachsuchenden, von seiner Tür weisen sollte. Es war kein Junge mehr übrig. Die beiden Schülerinnen, die ohne Rolle ausgegangen waren, zogen es vor, sich für wichtige Arbeiten hinter der Bühne zu melden. Joseph, alias Thomas, hatte den rettenden Ein-

fall. Sein kleiner Bruder würde durchaus in der Lage sein, diese unbedeutende Rolle zu übernehmen, für die ja nicht mehr zu lernen war als ein einziger Satz – nämlich im rechten Augenblick zu sagen, dass kein Zimmer frei sei. Lehrer Larssen stimmte zu, dem kleinen Tim eine Chance zu geben. Also erschien Thomas zur nächsten Probe mit Tim an der Hand, der keinerlei Furcht zeigte. Er wollte den Wirt gerne spielen. Mit Wirten hatte er gute Erfahrungen gemacht, wenn die Familie in den Ferien verreiste.

Er bekam eine blaue Mütze auf den Kopf und eine Latzschürze umgebunden; die Herberge selbst war, wie alle anderen Kulissen, noch nicht fertig. Tim stand also mitten auf der leeren Bühne, und es fiel ihm nicht leicht zu sagen, nein, er habe nichts, als Joseph ihn drehbuchgetreu mit Maria an der Hand nach einem Zimmer fragte.

Wenige Tage darauf legte Tim sich mit Masern ins Bett, und es war ein reines Glück, dass er zum Aufführungstag gerade noch rechtzeitig wieder auf die Beine kam.

In der Schule herrschten Hektik und Feststimmung, als er mit seinem großen Bruder eine Stunde vor Beginn der Weihnachtsfeier erschien. Auf der Bühne hinter dem zugezogenen Vorhang blieb er überwältigt vor der Attrappe seiner Herberge stehen: sie hatte ein vorstehendes Dach, eine aufgemalte Laterne und ein Fenster, das sich aufklappen ließ. Thomas zeigte ihm, wie er auf das Klopfzeichen von Joseph die Läden aufstoßen sollte. Die Vorstellung begann.

Joseph und Maria betraten die Bühne, wanderten schleppenden Schrittes zur Herberge und klopften an. Die

Fensterläden öffneten sich und heraus schaute Tim unter seiner großen Wirtsmütze. „Habt Ihr ein Zimmer frei?" fragte Joseph mit müder Stimme. „Ja, gerne", antwortete Tim freundlich.

Schweigen breitete sich aus im Saal und erst recht auf der Bühne. Joseph versuchte vergeblich, irgendwo zwischen den Kulissen Lehrer Larssen mit einem Hilfezeichen zu entdecken. Maria blickte auf ihre Schuhe. „Ich glaube, Sie lügen", entrang es sich schließlich Josephs Mund. Die Antwort aus der Herberge war ein unüberhörbares „Nein".

Dass die Vorstellung dennoch weiterging, war Josephs Geistesgegenwart zu verdanken. Nach einer weiteren Schrecksekunde nahm er Maria an der Hand und wanderte, ungeachtet des Angebots, weiter bis zum Stall.

Hinter der Bühne waren inzwischen alle mit dem kleinen Tim beschäftigt. Lehrer Larssen hatte ihn zunächst vor dem Zorn der anderen Schauspieler in Schutz nehmen müssen, bevor er ihn zur Rede stellte. Tim erklärte, dass Joseph eine so traurige Stimme gehabt hätte, da hätte er nicht nein sagen können, und zu Hause hätten sie auch immer Platz für alle, notfalls auf der Luftmatratze.

Herr Larssen zeigte Mitgefühl und Verständnis. Dies sei doch eine Geschichte, erklärte er, und die müsse man genauso spielen, wie sie aufgeschrieben sei – oder würde Tim zum Beispiel seiner Mutter erlauben, dasselbe Märchen einmal so und dann wieder ganz anders zu erzählen, etwa mit einem lieben Wolf und einem bösen Rotkäppchen? Nein, das wollte Tim nicht, und bei der nächsten

Aufführung wollte er sich Mühe geben, ein böser Wirt zu sein; er versprach es dem Lehrer in die Hand.

Die zweite Aufführung fand im Gemeindesaal der Kirche statt und war, wenn möglich, für alle Beteiligten noch aufregender.

Unter ärgsten Androhungen hatte Thomas seinem kleinen Bruder eingebläut, dieses Mal auf Josephs Anfrage mit einem klaren „Nein" zu antworten. Der große Saal war voll bis zum letzten Sitzplatz. Dann ging der Vorhang auf, das heilige Paar erschien und wanderte – wie es aussah, etwas zögerlich – auf die Herberge zu. Joseph klopfte an die Läden, aber alles blieb still. Er pochte erneut, aber sie öffneten sich nicht. Maria entrang sich ein Schluchzen.

Schließlich rief Joseph mit lauter Stimme „Hier ist wohl kein Zimmer frei?" In die schweigende Stille, in der man eine Nadel hätte fallen hören, ertönte ein leises, aber deutliches „Doch".

Für die dritte und letzte Aufführung des Krippenspiels in diesem Jahr wurde Tim seiner Rolle als böser Wirt enthoben. Er bekam Flügel und wurde zu den Engeln im Stall versetzt.

Sein „Halleluja" war unüberhörbar, und es bestand kein Zweifel, dass er endlich am richtigen Platz war.

Ina Brock
Dagobert, der Weihnachtsengel

Geschichten mit Weihnachtsengeln spielen meist im tiefverschneiten Wald oder in einem Stall mit Krippe und Kuh, über dem ein heller Stern leuchtet. Ich kenne auch welche, die in einer einsamen Hütte hoch droben im Gebirge spielen oder in Großmütterchens Stübchen am warmen Ofen, dessen Feuer gerade an diesem Abend so heimelig knistert. Seltener schon habe ich von Weihnachtsengeln an Tankstellen oder an Litfaßsäulen gehört. Und schon gar nicht von Weihnachtsengeln auf dem Küchenbalkon.
Und doch spielt meine Geschichte auf dem Küchenbalkon. Das macht sie nicht gerade weihnachtlich, ich weiß. Aber sie ist wahr, und das sollte doch nicht gar so wenig gelten.
„Erst nach Kälte und Wind weiß man eine warme Stube zu schätzen, und erst nach dem Dunkel der Nacht sieht man den Tannenbaum in seinem vollen Glanze strahlen", sagte mein Vater immer.

Diesen feinen Sinn für weihnachtliche Poesie hat er sich lange erhalten. So bestand er darauf, dass wir Kinder jedes Jahr vor der Einbescherung auf dem Küchenbalkon warten mussten, bis die Eltern den Weihnachtstisch mit Glanzpapier und Tannengrün geschmückt und die Geschenke für uns liebevoll aufgebaut hatten.

Da standen wir also, mein Bruder Dagobert und ich, hinter der verschlossenen Küchentür und schauten in den stillen, verlassenen Hof unter uns, bis der liebliche Ton einer Kindertrompete uns aus Dunkel und Nacht erlöste. Es war ein Erbstück meines Großvaters, mit dem mein Vater jedes Mal und mit immer neuer Variante seine Lieben zum Gabentisch rief.

An jenem Weihnachtsabend, von dem ich erzählen will, war ein sternenklarer Himmel über uns. In manchem der gegenüberliegenden Fenster sah ich die ersten Weihnachtskerzen brennen.

„Da, eine Wunderkerze", sagte ich leise und andächtig zu Dagobert. Er sah aber gar nicht auf, weil er damit beschäftigt war, einen Haken an einem Strick zu befestigen. Es wäre umsonst gewesen, ihn nach dem Sinn solcher Arbeit zu fragen, er hätte doch nicht geantwortet. Als ich im vergangenen Jahr den ganzen Schnee zusammenraffen sollte, den uns ein grauer Himmel auf den Balkon geschickt hatte, wusste ich ebenfalls nicht, wozu. Und bis heute ist mir unklar geblieben, wie Dagobert es fertiggebracht hat, das Küchenfenster vom Nachbar Zimonik bis obenhin mit Schnee zu verdunkeln. Es ist immerhin zwei Meter von unserem Balkon entfernt.

Leider war die gute Nachbarschaft mit Zimoniks, die unsere Familien seit Jahren miteinander verband, durch Dagoberts Schuld gestört worden. Wir brauchten also diesmal gar nicht erst zu warten, ob sich Zimoniks Otto und Ilse am Küchenfenster zeigen würden. „Dago" sagte ich deshalb zu Dagobert, der immer wieder versuchte, seinen Strick über einen Nagel an Zimoniks Fenster zu werfen, an dem im Sommer Ottos Vogelbauer hing, „Dago, lass die Scherze. Du weißt, wie wir zu Zimoniks stehn."

„Eben drum", sagte Dagobert leise, „ich will dem lieben Otto ein Weihnachtspäckchen 'rüberschwenken, dass er vor Vergnügen auf den Küchentisch hopst."

Mir kam die Sache gleich etwas komisch vor.

Vor ein paar Wochen nämlich hatte Dagobert damit begonnen, den Otto Zimonik mit dem Namen „Ziehharmonika" zu hänseln. Freunden gegenüber behauptete er, der Name Zimonik sei eine unzulässige Abkürzung. Das wäre noch hingegangen, zumal Otto diese alberne Provokation recht gelassen hinnahm. Aber eines Tages hatte Dagobert im Hof sehr laut gerufen: „Frau Ziehharmonika, der Eismann ist da."

Drauf hatte Frau Zimonik ein beleidigtes Gesicht gemacht und seit dem Tage „nur noch das Nötigste" mit uns gesprochen, wie Mutter es ausdrückte. Schließlich war Otto auf die nicht weniger alberne Idee gekommen, unser Türschild mit einem Zettel zu überkleben, auf dem geschrieben stand: „Dagobert Bock. Bitte dreimal blöken!"

Und Dagobert, der Narr, hatte sich tatsächlich dazu hinreißen lassen, das Türschild von Zimoniks mit einem

Pappschild auszuwechseln, worauf fein säuberlich zu lesen stand: „Zerrwanst. Bitte dreimal quietschen!"
Nun weiß jeder auch nur halbwegs heimatlich gebildete Mitteldeutsche, dass man in dieser Gegend aus der Ziehharmonika längst eine „Quetschkommode" und daraus wiederum einen „Zerrwanst" gemacht hat. Womit keineswegs etwas Böswilliges über die musikalische Qualität dieses Instruments gesagt wird. Aber Herr Zimonik war in Osterreich geboren. Und so vermutete er, wie ich heute weiß, dass Dagobert mit dem „Zerrwanst" eine billige Anspielung auf seinen leicht schaukelnden Bauch gemacht habe.
Jedenfalls war es zu einer erregten Auseinandersetzung der beiden Väter gekommen, bei der Herr Zimonik nicht gerade freundlich bemerkt hatte: „In meiner Jugendzeit, bittschön, gab's dafür ein paar ordentliche Watschen!"
Der Streit über richtige Kindererziehung hatte damit geendet, dass Dagobert noch am selben Tage einige Backpfeifen vom Vater erhielt. Leider war dies in der Küche bei geöffneter Balkontür geschehen. Und seit der Zeit blieb Dagobert das höhnische Lachen Otto Zimoniks im Ohr, mit dem er die „ordentlichen Watschen" am Küchenfenster quittiert hatte.
Aber mit der guten Nachbarschaft war es trotzdem vorbei gewesen. Der Hausfrieden blieb gestört; der regelmäßige Skatabend, zu dem sich Zimoniks oft bei uns eingefunden hatten, blieb seitdem aus. Das war auch für meinen Vater bitter genug.
„Nimm die Gießkanne weg", sagte Dagobert leise zu mir.

Er musste noch näher mit den Füßen an die Balkonwand heran, um sein Schwungseil endlich über den Nagel werfen zu können. Ich nahm die Kanne und stellte sie in die andere Ecke, in die mein Bruder ein Weihnachtspäckchen für den Vater gestellt hatte.

„Was ist denn in dem Päckchen drin?" fragte ich.

„Nichts für kleine Mädchen", antwortete er altklug, während er sein Seil erneut über den Nagel warf. Solche Redensarten hatte er wohl an einem der Skatabende von den Männern gehört, der Angeber. Während ich noch verächtlich lachte, war es ihm endlich gelungen, das Seil über den Nagel zu werfen, so dass das Ende mit dem Haken zu ihm zurückschwang. Er fing es geschickt auf. „Los, schnell", flüsterte Dagobert aufgeregt, „nimm das Päckchen hinter der Gießkanne und häng es hier ein."

Ich zog hinter der Gießkanne ein erstaunlich schweres Päckchen hervor, das ich eilig an dem Haken befestigte.

„Wolltest du es nicht dem Vater schenken?" fragte ich leise.

„Quatsch, das andere" sagte er wegwerfend und zog das Seil an, worauf das Päckchen, gut gezielt, auf dem Fensterbrett drüben landete. Erst jetzt bemerkte ich, dass in Dagoberts Ecke noch ein zweites, aber viel größeres Päckchen stand.

Dagobert zog das Seil ein. Bis heute hab' ich den Mechanismus noch nicht begriffen, mit dem er den Haken aus dem Bindfaden löste, ohne das Päckchen auf dem Fensterbrett zu gefährden. Es war auch keine Zeit mehr, Fragen zu stellen, denn Dagobert duckte sich auf den Balkonboden und rief laut:

„Otto!" Und noch einmal, diesmal mit meiner Hilfe: „Otto!" Erst als das Fenster geöffnet wurde und der Kopf von Herrn Zimonik erschien, dachten wir daran, dass er wie sein Sohn Otto gerufen wurde. Nach ein paar Sekunden wagte ich es, zwischen den Blumenkästen zu ihm hinüber zu sehen. Er hielt sehr verwundert das Päckchen in den Händen und sah abwechselnd nach unten und nach oben, woher wohl der Segen am Weihnachtsabend gekommen sei.

„Ist da wer, bittschön?" fragte er zaghaft zu uns herüber. Wir wagten nicht zu atmen, hatten aber Mühe, uns das Lachen zu verbeißen. Herr Zimonik nahm das Päckchen an sich, bekreuzigte sich schnell und schloss eilig das Fenster.

Wirklich, das geschah zur rechten Zeit. Denn schon im nächsten Augenblick erklang der liebliche Ton von Vaters Weihnachtstrompete. Eilig standen wir auf und klopften unsere Mäntel vom Mauerschmutz sauber. Ich gab Dagobert das Päckchen für Vater in die Hand, verwundert darüber, wie er von seinem geringen Taschengeld so große Geschenke kaufen konnte. Bei mir hatte es mit Mühe zu ein paar Taschentüchern für die Mutter gelangt, die ich mit einem bunten Rand umhäkelt hatte.

Dagoberts Gesicht war seltsam verstört, als er dem Vater das Päckchen gab. Als wir unter dem Tannenbaum standen und ein Lied anstimmten, ließ er zwischen den einzelnen Strophen mehrmals „blöde Gans" von sich hören und sah mich wütend an. Und später, als er die Armbanduhr in Händen hielt, die er sich schon mehrere Jahre gewünscht hatte, kamen ihm sogar die Tränen, und das ergriff mich sehr. Noch nie hatte ich Dagobert weinen sehen, und selbst Mutter, die mit Rührung meine umhäkelten Taschentücher betrachtet hatte und nun zu Dagobert aufsah, war von der tiefen Erregung ihres dreizehnjährigen Jungen betroffen.

„Aber freut dich die Uhr denn gar nicht?" fragte sie und lächelte unsicher.

Dagobert antwortete nicht, sondern sah mit einem schmerzlichen Blick auf den Vater, der die gewissenhafte Verknotung des Kartons endlich gelöst und das reichliche Packpapier entfernt hatte. Es kam aber ein kleinerer Karton zum Vorschein, der nicht weniger gut verschnürt und verpackt war.

In Dagoberts Gesicht arbeitete es heftig. Mutter nahm ihn liebevoll in den Arm und sah neugierig zu, wie Vater einen dritten Karton aus der Verpackung löste.

„Am Ende sind es ein paar Zigarren, die du so sorgfältig verpackt hast?" fragte Mutter arglos und drückte Dagobert an sich. Der wehrte sich gegen die Zärtlichkeit und sah erschrocken zu Vater. der bereits den vierten Karton auszuwickeln begann. Er blieb aber noch bei guter Laune, wenn ihm auch diese Art von Scherzpaketen am Weihnachtsabend nicht gerade glücklich erscheinen mochte. Mit großer Geduld schnürte und wickelte er weiter auf, und Mutter und ich lachten immer mehr, da wieder ein neuer Karton zum Vorschein kam.

Endlich hielt Vater ein Päckchen in seinen Händen, nicht größer als eine Zigarrenkiste, und entfernte die letzte

Hülle. Dagobert ging aufgeregt zu ihm und versuchte, ihm das Päckchen wegzunehmen. Aber Vater hatte bereits die letzte Hülle entfernt. Was zum Vorschein kam, war die billige Imitation einer Ziehharmonika, wie sie auf Jahrmärkten für ein paar Groschen zu haben ist.

Erst jetzt ging mir, während ich auf den strahlenden Tannenbaum sah, ein Licht nach dem andern auf. Dagobert hatte das Paket für Otto Zimonik hinter die Gießkanne gestellt; als er aber sagte: „Nimm das Paket hinter der Gießkanne und häng es hier ein!" – hatte er nicht mehr daran gedacht, dass jetzt die Gießkanne in der anderen Ecke stand. Dort aber hatte das Päckchen für Vater gestanden.

Ich sah Dagobert an. Er war ständig dabei, sich zu erklären, kam aber nie über ein paar Worte wie: „Das ist ein Irrtum, glaub mir, denn ..." Oder: „Sieh mal, die Sache war ganz anders ..." Vater lachte zwar, aber es klang nicht ganz echt. Er zerrte das Quetschkommödchen mehrmals auseinander, und es gab jedes Mal einen jämmerlichen, piepsenden Ton von sich. Endlich konnte man auch lesen, was zwischen den zehn Rippen des Jammerkastens geschrieben stand: „Z-E-R-R-W-A-N-S-T".

„Na", sagte Vater gutmütig zu Dagobert, „an deine Albernheit brauchst du mich heute nicht gerade zu erinnern." Dann legte er den Zerrwanst achtlos unter den Tannenbaum und setzte sich an den Tisch.

„Es war nämlich so", begann Dagobert erneut mit heiserer Stimme, „sie ist nämlich gar nicht für dich. Ich meine ..."

„Für wen ist sie denn, wenn du sie mir geschenkt hast?" fragte Vater ein wenig kopflos.

„Für Otto Zimonik", sagte Dagobert. Und da er nicht weitersprach, begann ich, die Verwechslung zu erklären. Leider wurde ich dadurch unterbrochen, dass es an der Wohnungstür klingelte. Vater ging gleich hinaus, um zu öffnen. Mutter strich nervös das Tischtuch glatt und sagte unmutig: „Wer kommt uns denn am Weihnachtsabend stören?" Es war Herr Zimonik, der mit einer Schnapsflasche ins Zimmer trat und die Glückwunschkarte dazu wie eine Friedensfahne schwenkte.

„Da schau her", sagte er strahlend zu Dagobert, „ein Mordsbub is dös, nicht wahr? Ein richtiger Weihnachtsengel!" Und fuhr ihm gutgelaunt durch das struppige Haar. „Aber schau, brauchst doch nicht zu weinen, Büberl." Wirklich, Dagobert schluckte heftig beim Anblick der Schnapsflasche. Dann entzog er sich Herrn Zimonik, der ihm die Wange tätschelte, und ging zum Tannenbaum, um den Zerrwanst mit einer verächtlichen Geste unter den Tisch zu befördern.

„Einen Sliwowitz haben Sie da?" fragte Vater, um Herrn Zimonik abzulenken. „Wo haben Sie denn den herbekommen?"

„Sie werden es nicht glauben", sagte der, und dabei streichelte er die Flasche und nahm sie wie eine Geliebte in den Arm, „ein Englein hat mir das Flascherl ins Küchenfenster geworfen. Nicht wahr, bittschön?" Dabei blinzelte er vielsagend zu Dagobert.

„Meine Lieblingsmarke", sagte Vater anerkennend. Dagobert schrie laut auf; ob aus Wut oder Traurigkeit, war nicht ganz auszumachen in dem Augenblick.

„Was hat denn der Engel geschrieben?" fragte Mutter neugierig, die wohl gewisse Zusammenhänge zu ahnen begann. Herr Zimonik reichte ihr die Himmelspost herüber, während er immer wieder beteuerte: „Einen Prachtbuben haben Sie, wahrhaftig!" Ich sah bei Mutter unter dem Arm durch und las:

„Zur Tröstung für verlorene Skatabende mit dem lieben Nachbarn. Der Schnaps soll dir wohlbekommen. Lass dich von Zerrwänsten nicht mehr ärgern. Dagobert."

„Na, bittschön", sagte Herr Zimonik, „hat der Bub ein Gefühl für Gerechtigkeit oder net?" Dabei sah er, Zustimmung erwartend, von einem zum andern.

„Aber wie kannst du nur Herrn Zimonik duzen", sagte Mutter scheinheilig und sah mit verzeihendem Lächeln auf Dagobert. Der hatte sein Gesicht an Vaters Schulter gedrückt und weinte haltlos.

„Ich hab' schon alles verstanden", sagte Vater tröstend. „Das hast du gut gemacht, Dago." „Nicht wahr?" krähte Herr Zimonik, „So ein Herzensbub! Ich glaub', wir können ihm keinen größeren Gefallen nicht tun, als wenn wir unsere gute Freundschaft wieder erneuern. Der Kinder zulieb, nicht wahr?" Er reichte Mutter die Hand, danach klopften sich die Männer gegenseitig auf die Schulter.

„Es is doch Weihnacht, wo es heißt, ‚Friede auf Erden und den Menschen ein Wohlgefallen', hab' ich recht?" sagte Herr Zimonik in seinem lieblichen österreichischen Dialekt.

„Dann lasst uns wenigstens im Hause Frieden halten", sagte Vater, der das Wort vom Frieden etwas praktischer

verstand. Dann gaben sich die Männer die Hand, und Dagobert und ich sahen dabei zur Seite, weil wir in solchen Augenblicken gar zu rot werden im Gesicht.
„Wenn's Ihnen recht is, bittschön, kommen wir nachher für ein Stünderl 'rüber, gelt?"
„Wir waren, bittschön, einverstanden. Und nicht nur Dagobert, sondern auch die Eltern und ich empfanden es als tröstlich, dass Herr Zimonik hinzufügte: „Das Flascherl lass' ich gleich herüben. Wir wollen die alte, Skatfreundschaft neu begießen nachher. 's Gott!"
Dann ging er.
Nachher als wir mit Zimoniks Kindern auf dem Teppich hockten und Ottos neue Schieneneisenbahn ausprobierten, sah Dagobert noch manches Mal zur Sliwowitz–Flasche hinüber, aus der Herr Zimonik gerade wieder die Gläser füllte. „Zwanzig Piepen", flüsterte Dagobert mir zu und machte dabei die Bewegung des Geldzählens.
„Für den Frieden muss man Opfer bringen können", sagte ich mit Bedeutung.
Herr Zimonik hatte wohl meine Antwort gehört. Er drehte sich uns zu und fragte kopfschüttelnd: „Wie denn, macht ihr etwa auch schon Politik?"
„Na der hat, bittschön, vielleicht eine Ahnung", flüsterte Dagobert mir zu und schlug Otto, der ihn verwundert ansah, etwas zu kräftig auf die Schulter.

Charles Tazewell

Das Weihnachtsgeschenk des kleinen Engels

Es war einmal – nach der Zeitrechnung der Menschen ist es viele, viele Jahre her, nach dem himmlischen Kalender freilich nur einen Tag – ein trauriges Engelchen, das im ganzen Himmelreich nur als der „Kleine Engel" bekannt war. Der Kleine Engel war genau zehn Jahre, sechs Monate, fünf Tage, sieben Stunden und zweiundzwanzig Minuten alt, als er vor den ehrwürdigen Hüter der Himmelspforte trat und um Einlass bat. Herausfordernd stand er da, seine kurzen Beinchen trotzig gespreizt, und tat so, als wäre er von solch unirdischem Glanz nicht im Geringsten beeindruckt. Aber seine Oberlippe zuckte doch verräterisch und er konnte auch nicht verhindern, dass ihm eine Träne über das sowieso schon völlig verweinte Gesicht kollerte und sich erst auf seiner sommersprossigen Nase fing.

Aber das war noch nicht alles. Natürlich hatte er wie üblich sein Taschentuch vergessen, und als der freundliche Himmelspförtner den Namen in sein großes Buch eintrug, musste der Kleine Engel plötzlich laut schnupfen – so laut, dass dem guten Himmelspförtner vor Schreck etwas passierte, was noch nie vorgekommen war: Er machte einen dicken Klecks auf die sauber beschriebene Seite!

Von diesem Augenblick an war der himmlische Friede gestört und der Kleine Engel wurde bald zum Schrecken aller Himmelsbewohner. Sein Pfeifen schrillte durch die goldenen Straßen, dass die Propheten jedes Mal zusammenzuckten und aus ihren Betrachtungen gerissen wurden. Und bei den Gesangsstunden des Himmelschores sang er so laut und so falsch, dass der zarte himmlische Klang völlig zerstört wurde. Dazu kam, dass er wegen seiner kurzen Beinchen stets zu spät zu den abendlichen Gebetsstunden erschien und die anderen Engel an ihre Flügel stieß, wenn er sich zwischen ihre Reihen hindurch auf seinen Platz zwängte.

Hätte man dieses schlechte Betragen noch übersehen können, so war seine äußere Erscheinung völlig unentschuldbar. Zuerst flüsterten Cherubinen und Seraphinen es sich heimlich zu, bald aber sprachen die Engel und Erzengel es ganz laut aus, dass er überhaupt nicht wie ein Engel aussah. Und sie hatten Recht. Sein Heiligenschein hatte ganz trübe Flecken an den Stellen, wo er ihn mit seinen kleinen Schmutzfingern festhielt, wenn er rannte. Und er rannte eigentlich immer.

Aber selbst, wenn er einmal stille stand, saß der Heiligenschein immer irgendwo schief auf dem Kopf oder er fiel ganz herunter und rollte eine der goldenen Straßen entlang, sodass der Kleine Engel hinterherlaufen musste. Ja, und es muss auch gesagt werden, dass seine Flügel weder schön noch nützlich waren. Alle hielten den Atem an, wenn er sich wie ein ängstlicher, eben flügge gewordener Spatz an den äußersten Rand einer Wolke setzte und Anstalten zu einem Flug traf. Dann schloss er die Augen, hielt sich mit seinen beiden Händen die sommersprossige Nase zu, zählte bis drei und stürzte sich dann – Kopf über Heiligenschein hinaus – ins All. Und weil er dabei stets vergaß, seine Flügel in Aktion zu setzen, endete ein solcher Flug meist mit einer Panne.

Dass all dies früher oder später zu einer Bestrafung führen musste, sah jeder kommen. Und so geschah es dann, dass er an einem ewigen Tag im ewigen Monat eines ewigen Jahres vor den Engel des Friedens gerufen wurde.

Er kämmte sich sorgfältig die Haare, bürstete seine zerzausten Flügel und streifte sich ein fast sauberes Kleid über – dann machte er sich schweren Herzens auf den Weg. Als er sich dem Gebäude der himmlischen Gerechtigkeit näherte, hörte er von weitem schon fröhlichen Gesang erschallen. Schnell putzte er seinen Heiligenschein an seinem Kleid noch einmal blank und trat dann auf Zehenspitzen ein.

Der Sänger, der im Himmel als Engel des Verstehens bekannt ist, blickte auf den Kleinen Engel hinab und der machte sofort einen vergeblichen Versuch, sich unsichtbar zu machen, indem er seinen Kopf wie eine Schildkröte in den Kragen seines Gewandes einzog.

Bei diesem Anblick konnte der Engel des Verstehens nicht ernst bleiben. Er lachte ein herzliches, warmes Lachen und sagte: „Du bist also der Missetäter, der den Himmel so in Aufruhr versetzte! Komm, du kleiner Cherub, und erzähle mir nun alles."

Der Kleine Engel blinzelte zuerst mit dem einen und dann mit dem anderen Auge hinauf zu dem großen Engel – und plötzlich, er wusste selbst nicht, wie es gekommen war, saß er auf dessen Schoß und erzählte, wie schwer es doch für einen kleinen Jungen sei, wenn er plötzlich ein Engel würde. Und er hätte auch wirklich nur ein einziges Mal am goldenen Tor geschaukelt. Nun ja, zweimal; richtig, vielleicht war es dreimal; aber doch nur, weil er solche Langeweile hatte. Und das war wohl auch das ganze Unglück. Der Kleine Engel hatte nichts zu tun. Und er hatte Heimweh. Nicht dass es im Paradies nicht schön wäre! Aber die Erde war eben auch schön gewesen mit den Bäumen, auf die man hinaufklettern konnte, und mit den Fischen im Wasser, die man fangen konnte, und mit ihren Seen zum Schwimmen, ihrer Sonne, ihrem Regen und dem braunen Lehm, der sich so weich und warm anfühlte unter den Füßen!

Der Engel des Verstehens lächelte verständnisvoll. Dann fragte er den Kleinen Engel, was ihn im Paradies wohl am glücklichsten machen würde. Der dachte ein Weile nach und flüsterte ihm ins Ohr. „Zu Hause unter meinem Bett steht eine Schachtel. Wenn ich die haben könnte!" Der Engel des Verstehens nickte. „Du bekommst sie", versprach er und sandte sofort einen Himmelsboten danach aus.

In all den zeitlosen Tagen, die nun folgten, wunderten sich alle über die merkwürdige Wandlung, die sich in dem Kleinen Engel vollzogen hatte. Er war der glücklichste von allen Engeln und sein Betragen und sein Aussehen waren so vorbildlich, dass niemand mehr etwas auszusetzen hatte.

Eines Tages nun kam die Kunde, dass Jesus der Sohn Gottes, von Maria, der Jungfrau, zu Betlehem geboren werden sollte.

Allgemeiner Jubel wurde laut und all die Engel und Erzengel, die Seraphinen und Cherubinen, der Himmelspförtner und alle anderen Himmelsbewohner legten ihre alltäglichen Arbeiten beiseite, um Geschenke für das Gotteskind vorzubereiten.

Alle waren eifrig bei der Arbeit, nur der Kleine Engel nicht. Der saß auf der obersten Stufe der goldenen Himmelstreppe und wartete, den Kopf in die Hände gestützt, auf eine gute Idee für ein passendes Geschenk. Aber so sehr er auch nachdachte, es fiel ihm nichts ein, was würdig gewesen wäre für das göttliche Kind.

Die Zeit des großen Wunders war schon bedenklich nahe gerückt, als ihm plötzlich der erlösende Gedanke kam. Und am Tag der Tage holte er sein Geschenk aus seinem Versteck hinter einer Wolke hervor und legte es vor den Thron Gottes nieder. Es war nur eine kleine, unscheinbare, abgegriffene Schachtel, aber sie enthielt all jene wunderbaren Dinge, die selbst ein Gotteskind erfreuen mussten.

Da lag nun die kleine, unscheinbare, abgegriffene Schachtel mitten unter den kostbaren Geschenken der Engel des

Paradieses, Geschenke von solcher Pracht und atemberaubender Schönheit, dass der Himmel und das gesamte Weltall von ihrem bloßen Widerschein erleuchtet waren. Als der Kleine Engel diese Pracht sah, wurde er ganz niedergeschlagen, denn er erkannte, dass sein Geschenk unwürdig war. Am liebsten hätte er es wieder zurückgenommen, aber dazu war es nun zu spät. Die Hand Gottes bewegte sich bereits über all die Geschenke hinweg, hielt plötzlich inne, senkte sich herab – und ruhte auf dem ärmlichen Geschenk des Kleinen Engels.

Der Kleine Engel zitterte, als die Schachtel geöffnet wurde und nun vor den Augen Gottes und der anderen Himmelsbewohner das offen dalag, was er dem Gotteskind zum Geschenk gemacht hatte: ein Schmetterling mit goldgelben Flügeln, den er an einem sonnigen Tag in den Bergen gefangen hatte, ein himmelblaues Vogelei, das aus einem Nest im Olivenbaum gefallen war, zwei weiße Kieselsteine, die er am schlammigen Ufer des Flusses gefunden hatte, und ein abgerissenes Stück Leder, das einst das Halsband seines treuen vierbeinigen Begleiters gewesen war ..

Der Kleine Engel weinte heiße, bittere Tränen. Wie hatte er jemals annehmen können, dass solche unnütze Dinge einem Gotteskind gefallen würden?

In panischer Angst wandte er sich um, um wegzulaufen und sich zu verstecken vor dem göttlichen Zorn des himmlischen Vaters. Aber plötzlich stolperte er und fiel so unglücklich über eine Wolke, dass er bis vor den Thron des Allmächtigen kollerte.

Lähmende Stille herrschte in der himmlischen Stadt, eine Stille, in der nur das herzzerreißende Schluchzen des Kleinen Engels zu hören war. Aber plötzlich erhob sich eine Stimme, die Stimme Gottes, und sie sprach: „Von allen Geschenken gefällt mir diese Schachtel am besten. Sie enthält Dinge von der Erde und von den Menschen, und mein Sohn ist zum König beider geboren. Ich nehme deshalb dieses Geschenk im Namen des Kindes Jesus an, das heute von Maria in Betlehem geboren wurde."
Es folgte eine atemlose Stille und dann begann die Schachtel des Kleinen Engels plötzlich in einem völlig unirdischen Licht zu leuchten. So hell und so strahlend wurde das Leuchten, dass es die Augen aller Engel blendete. Keiner von ihnen konnte daher sehen, wie dieses strahlende Etwas sich von seinem Platz vor dem Thron Gottes erhob – nur der Kleine Engel sah, wie es seinen Weg über das Firmament nahm und als klar leuchtendes Zeichen über einem Stall stehen blieb, in dem ein Kind geboren wurde.

WEIHNACHTSENGEL HALTEN WORT

Alles hat seine Engel:
Zeiten und Jahre
Flüsse und Meere,
Früchte und Gras,
Schnee und Wolken,
die Sterne!

Aus dem slawischen Henochbuch

Andreas Knapp
Wie ein Engel aussieht

Es war alles so schnell gegangen. Ganz überraschend aber war das Schreckliche nicht gekommen. Schon vor einigen Tagen kreisten Hubschrauber über dem abgelegenen Seitental des Großen Zab–Flusses. Die Kinder liefen auf die nahen Hügel, um die knatternden Monster zu sehen. Von dort oben konnte man bei klarem Himmel bis zum Cilo Dagi schauen, dem großen Berg, der aber schon jenseits der Grenze in der Türkei liegt. Nur von weitem, so erzählten die Kinder mit Begeisterung, hätten sie die donnernden Metallvögel gesehen. „Ob Engel so ähnlich aussehen?", wollte ein Hirtenmädchen wissen. Doch die Erwachsenen schüttelten den Kopf. Die metallenen Ungeheuer waren für sie eher Teufel als Engel. Wie Engel aber aussehen, könnten sich die Menschen nicht vorstellen. Und Bilder von Engeln gebe es keine. Der Koran verbietet alle Bilder von Gott und seinen Engeln.

Ein paar Tage lang blieb es ruhig und alle hofften, dass die Unruhen ihr Dorf verschonen würden. Doch wenn das Ungetüm des Krieges einmal entfesselt ist, so kann es niemand mehr bändigen und es verschlingt alles. Mitten in der Nacht wurden sie aus dem Schlaf gerissen. Zuerst waren Schüsse zu hören. Dann Einschläge von Granaten. Einige Männer wussten sofort: „Panzer!" Schon kurze Zeit später waren die rasselnden Geräusche der Ketten zu hören, die mit unheimlicher Geschwindigkeit talaufwärts näherkamen. Es gab kein elektrisches Licht in Kündö. Im Schein von Petroleumlampen packte man schnell das Kostbarste ein, um damit auf die umliegenden Hügel und von dort in die felsigen Bergtäler zu fliehen. Naze war mit ihrem zweijährigen Mädchen auf den Armen losgelaufen, während ihr Mann Risgar noch ein paar Sachen zusammensuchte. Überall hörte man die Schreie der Dorfbewohner, die im Dunkel wild durcheinanderliefen, um sich vor dem nahenden Unheil zu retten. „Naze!", schrie Risgar, der aus der Hütte herausstolperte. „Hierher!", hörte er die Stimme seiner Frau und lief auch schon los. Doch dann ein Blitz, ein lautes Krachen und die Druckwelle, die ihn zu Boden riss. Einen Augenblick lang lag Risgar wie tot. Sekunden später aber raffte er sich wieder auf und lief dorthin, wo Naze ihn gerufen hatte. Sie lag mit der weinenden Azade im Arm am Boden. Aber sie rührte sich nicht mehr. Als Risgar sie betastete, war ihr Kopf voller Blut. Sie war anscheinend von einem Granatensplitter getroffen worden. Risgar stand wie gelähmt vor Schmerz.

Obwohl das Gedröhne der Panzer schon bedrohlich nahegekommen war, rührte er sich nicht. Dann aber riss ihn das Schreien von Azade aus seiner Ohnmacht. Instinktiv griff er nach dem Kind, hob es auf die Schultern und lief in die Nacht hinaus. Er kannte die Hügel und die felsigen Täler auf der anderen Seite des Flusses. Er lief ohne anzuhalten weiter und weiter. Nach Stunden kam er an den Fuß eines steilen Gebirges. Hier war er noch nie gewesen. Es dämmerte am Horizont, als er sich an den beschwerlichen Aufstieg machte.

Als Risgar in der darauffolgenden Nacht einen Bergkamm und damit die Grenze des Irak überschritten hatte, wanderte er noch lange, bis er endlich zu einem Dorf kam. Ängstlich schlich er sich näher, das erschöpfte Kind in seinen Armen. Als er die Leute in kurdischer Sprache reden hörte, weinte er vor Freude und Erschöpfung. Man nahm ihn auf und kümmerte sich um Azade. Hier war man an Flüchtlinge gewöhnt. Die wenigen Habseligkeiten, die Risgar gerettet hatte, musste er als Preis für die weitere Fahrt abgeben. Er wusste nicht, wohin es gehen sollte. Doch man hatte ihm gesagt, es sei ein Land, wo er in Sicherheit wäre.

Das Asylbewerberheim liegt im Leipziger Westen, an der Ratzelstraße. Mit Hilfe eines Dolmetschers wurde Risgar über seine Rechte und Pflichten als Asylbewerber aufgeklärt und dass er die Stadt Leipzig nicht verlassen dürfe, bis sein Asylantrag angenommen sei. Sein Fall würde jetzt von den deutschen Behörden bearbeitet. Nach allem, was er erzählt habe, stünden seine Chancen nicht schlecht.

Aber seine Aussagen müssten jetzt erst einmal auf ihren Wahrheitsgehalt geprüft werden. Und das könne dauern.
Risgar erlebte die Einquartierung und die zahlreichen Vernehmungen mit all den Papieren, die auszufüllen waren, wie einen bösen Traum. Er war innerlich noch gar nicht in seinem Gastland an gekommen. Der schreckliche Überfall auf sein Dorf, der entsetzliche Tod seiner Frau, die abenteuerliche Flucht, die beständige Sorge um die kleine Azade, die oft weinte und nach ihrer Mutter rief, all das wühlte ihn so auf, dass das Neue noch gar keinen Raum hatte. Doch er musste sich nun zwingen, das Vergangene loszulassen. Denn ihm ganz allein war jetzt das Leben von Azade anvertraut. Er spielte mit seinem Töchterchen, ging mit ihr spazieren und erzählte Geschichten aus Kündö und den Tälern des Großen Zabs. Vielleicht redete er dabei auch viel mit sich selbst, vor allem, wenn er von Naze sprach. Er hatte seine Frau sehr geliebt. Und wenn er seine Tochter in dem Zimmer, in dem sie beide schliefen, ins Bett gelegt hatte, saß er oft noch lange neben dem Kind und schaute das unschuldige Gesicht an. Es war das Gesicht von Naze, und wenn er sich dann an seine Frau erinnerte, wurden seine Augen feucht.
So vieles war ungewohnt an seiner neuen Umgebung. Als Erstes fiel Risgar auf, dass es hier schon so früh dunkel wurde. So kurze Tage hatte er noch nie erlebt und er fürchtete sich vor der langen Dunkelheit. Dann bemerkte er, dass es in Deutschland fast keine Kinder gab. Bei ihm zu Hause waren die Straßen der Dörfer und Städte immer voller Kinder. Aber hier sah man nur alte Leute. Eine

Ausnahme gab es: Die Familien im Asylbewerberheim. Sie kamen aus den verschiedensten Ländern und hatten Schweres erlebt. Aber alle hatten Hoffnung auf eine bessere Zukunft und daher wohl auch Kinder.

Beim Einkaufen nahm Risgar immer seine Tochter Azade mit. Er hätte sie auch bei einer Nachbarin aus dem Sudan lassen können, die hilfsbereit und freundlich war und selber drei kleine Kinder hatte. Aber Azade hing sehr an ihrem Vater und klammerte sich ständig an ihn. So gingen die beiden bis zu einem großen Gebäude in der Stuttgarter Allee, das eine Kuppel hatte wie eine Moschee. Aber es war keine Moschee. Es war ein Tempel zum Einkaufen, ein riesiger Bazar. Als Risgar das Einkaufscenter zum ersten Mal betrat, stand er wie betäubt in der großen Halle und starrte auf all die verschiedenen Geschäfte und Läden. Er hatte einmal den Bazar von Mosul besucht, aber was er hier sah, übertraf alle seine Träume. So viele Kleider, Schuhe, Bücher und Geräte, von denen er noch gar nicht wusste, wozu sie dienten.

Er ging nach links und rechts und zeigte Azade all die bunten Sachen, die hier ausgestellt waren. Dann entdeckten die beiden einen ganz besonderen Laden. Schon im Schaufenster leuchteten und glitzerten viele Dinge. Azade strahlte über das ganze Gesicht, als ihr Vater mit ihr zusammen den Laden betrat. Da gab es grüne Nadelbäume aus Plastik, über und über behängt mit schillernden Kugeln und glitzernden Fäden. Es gab auch bunte Kerzen und große Stofftiere, die wie Hirsche aussahen. Plötzlich riss sich Azade von ihrem Vater los und lief auf ein Regal zu, in dem bunt angemalte Holzfiguren standen. Azade griff nach einer kleinen hölzernen Frauenfigur, die Flügel hatte und in ihren Händen eine dünne, rote Kerze trug, und drückte sie fest an sich. Risgar wollte seiner Tochter das Spielzeug schon wieder wegnehmen. Doch als er die leuchtenden Augen von Azade sah, brachte er es nicht mehr übers Herz, ihr die Holzfigur wieder zu nehmen. Risgar freute sich an der Freude seiner Tochter, die in den letzten Wochen viel geweint hatte, und so bezahlte er die hölzerne Figur mit der schmalen Kerze.

Am anderen Tag kam die Sozialarbeiterin, Frau Krusche, zu Besuch. Als sie die kleine Holzfigur sah, lächelte sie und erklärte Risgar in gebrochenem Kurdisch: „Das ist ein Feriste, ein Engel." – „Ein Engel?", staunte Risgar ungläubig. Noch nie hatte er einen Engel gesehen. Und er dachte: Wenn Engel so aussehen, dann war auch Naze ein Engel gewesen. Sie hatte zwar keine Flügel, aber oft hatte sie in der dunklen Hütte die Petroleumlampe angezündet, und dann hatte ihr Gesicht immer so warm und hell geleuchtet. Bei diesen Gedanken musste Risgar weinen und Frau Krusche wurde für einen Augenblick unsicher, ob sie vielleicht etwas Falsches gesagt hatte. Aber Risgar weinte und lächelte zugleich, und da ahnte sie, dass er sich an jemanden erinnerte und dass noch ein großer Schmerz über das Verlorene in ihm wohnte. Dann blieb Frau Krusche noch eine Weile schweigend sitzen und Risgar war ihr dafür dankbar.

Am nächsten Tag hatte Risgar seine Tochter nun doch bei der Nachbarin gelassen, um ins Stadtzentrum zu fahren.

Am Hauptbahnhof stand er an einer Ampel und wusste zum Glück schon, wie eine solche funktioniert. Auf einmal trat eine rote Gestalt neben ihn, ein alter gebückter Mann mit einem riesigen weißen Bart und einer Mütze, unter der das ebenfalls schon silbergraue Haar in langen Locken hervorquoll. Und dann trug diese Gestalt auch noch einen großen Sack auf dem gebeugten Rücken. Risgar war einen Augenblick lang verwirrt und unsicher. Dann aber wollte er ganz spontan dem Alten dabei helfen, den schweren Sack über die Straße zu tragen. Doch da zog der Alte den Bart etwas beiseite und ein junges, lachendes Gesicht kam zum Vorschein. Jetzt war Risgar völlig durcheinander. „Ein Betrüger, der sich als alter Mann verkleidet!", fuhr es ihm durch den Kopf. Er folgte der roten Gestalt in sicherer Entfernung, um zu beobachten, was dieser Mann wohl im Schilde führt. Als der Alte schließlich in ein Kaufhaus trat, eilte Risgar hinterher. Er sah, wie der rote Mann auf einer fahrenden Treppe nach oben entschwand. Flugs war auch Risgar auf dieser ungewohnten Treppe, doch da sah er mit Entsetzen, dass der Alte auf der anderen Seite schon wieder herunterkam. Jetzt verstand Risgar die Welt nicht mehr. Eben erst war der rote Mann dort oben um die Ecke verschwunden und jetzt war er schon wieder nach unten gefahren. Das konnte nicht mit rechten Dingen zugehen! Als Risgar oben ankam, sah er den Alten dort oben stehen. Jetzt fiel es ihm wie Schuppen von den Augen: Das waren zwei rote Männer gewesen! Es handelt sich also um eine Bande. Aber was führen diese Betrüger im Schilde? Risgar konnte sich keinen Reim darauf machen. Da sich aber die roten Männer im Kaufhaus so ungeniert bewegten, war ihm klar, dass sie mit dem Chef des Einkaufscenters unter einer Decke stecken mussten. Vielleicht handelt es sich um eine Art von Wächtern oder die roten Männer sollten einfach nur die Leute ins Kaufhaus locken. Das gelang ihnen anscheinend ziemlich gut, denn die Kaufhalle war brechend voll und alle Leute hasteten mit schweren Taschen beladen hin und her.

Als Risgar am Nachmittag ins Asylbewerberheim zurückkam, empfing ihn seine Nachbarin schon an der Haustür. Die beiden konnten sich zwar sprachlich kaum verständigen, aber Risgar sah am Gesicht der Sudanesin, dass etwas vorgefallen war. Schnell eilte er mit ihr zu Azade, die mit hochrotem Kopf in ihrem Bettchen lag. Risgar tastete nach der Stirn seiner Tochter und stellte fest, dass das Kind hohes Fieber hatte. Er rief sofort Frau Krusche an und die Nachbarin, die schon sehr gut Deutsch konnte, erklärte der Sozialarbeiterin am Telefon, was vorgefallen war. Bald kam ein Kinderarzt und stellte fest, dass Azade wohl eine Grippe hatte, zum Glück jedoch nichts Gefährliches. Aber das Kind müsse jetzt im Bett bleiben, viel trinken und vor allem ein bestimmtes Medikament bekommen. Er schrieb den Namen der Arznei auf einen Zettel und war schon wieder verschwunden. Risgar war ganz in Sorge. Die Nachbarin erklärte ihm, er müsse jetzt mit dem Zettel zu einer Apotheke gehen, um das Medikament zu holen. Sie würde in der Zwischenzeit gerne auf Azade aufpassen. Schnell machte sich Risgar auf den Weg zur Apotheke in der Ratzelstraße. Doch diese war bereits geschlossen. Überhaupt fiel ihm jetzt auf, dass alle Geschäfte schon geschlossen waren. Dabei war gar kein Wochenende. Risgar fühlte sich auf einmal so schrecklich fremd in diesem Land, dessen Bräuche er nicht kannte und wo alles neu und ungewohnt war. Er kam sich ganz hilflos vor in dieser Nacht, in der zwar überall bunte Lichterketten brannten und die zugleich so kalt und unfreundlich war. Er brauchte jetzt das Medikament für seine Tochter und wusste nicht, wo er es finden sollte.

Da fiel ihm auf, dass irgendwo doch noch Licht brannte. Es war kein Geschäft, sondern ein merkwürdiger Laden, in dem die Männer immer an hohen, runden Tischen Bier tranken. Das Gebot Allahs verbot den Alkohol und so hatte Risgar diesen Laden noch nie betreten. Jetzt aber öffnete er zaghaft die Tür und trat ein. Die wenigen Männer, die an einem der Tische standen, drehten sich um. „Ein Kümmeltürke!", rief einer verächtlich. Risgar verstand den Ausdruck nicht, aber der Tonfall sagte ihm, dass er hier nicht willkommen war. Er wollte sich schon wieder umdrehen, als ein anderer Mann ihn ansprach: „Willst du ein Bier mit uns trinken?" Risgar schüttelte den Kopf und streckte dem Fremden den Zettel hin. Dieser überflog das Rezept. „Die Apotheke hat schon geschlossen." Dann wandte er sich an die Bedienung: „Gib mir mal die Zeitung! Wegen der Bereitschaftsdienste." Nach kurzer Suche hatte er herausgefunden, welche Apotheke am 24.12. abends geöffnet war. Der Fremde zahlte sein Bier und ging Risgar voran, der ihm mit unsicheren Schritten folgte. Sie bestiegen die Straßenbahn und eine Stunde später standen die beiden vor dem Asylbewerberheim. Risgar hatte das Medikament in die Tasche gesteckt. Einen Augenblick

lang zögerte der Fremde noch, dann aber ging er mit hinein und brummte: „Wer weiß, ob hier jemand den Beipackzettel verstehen kann!"
Nachdem der Fremde die Anweisungen gelesen hatte, gab er Azade zwei kleine Löffel von dem merkwürdigen Saft aus der braunen Flasche, die sie in der Apotheke geholt hatten. Dann löschte Risgar das Licht. Der Fremde wollte gehen, aber Risgar lud ihn ein, mit in die kleine Küche zu kommen. Dort holte er ein Stück Brot und Käse aus dem Schrank und setzte Wasser für einen Tee auf. Die beiden konnten sich nicht unterhalten. Und doch spürten sie beim gemeinsamen Essen, dass sie in dieser Nacht etwas verband. Ein Kind hatte sie zusammengeführt und irgendwie waren sie einander nicht mehr fremd. Risgar blickte dankbar in die Augen des Fremden. Doch dieser zuckte nur mit den Schultern und lächelte. Auch Risgar lächelte. Dann wollten sie noch einmal nach Azade sehen. „Vielleicht schläft sie schon", sagte der Fremde und deutete auf den Holzengel mit der Kerze. Risgar verstand sofort. Sie würden kein Licht machen, sondern nur mit der Kerze in das Zimmer von Azade eintreten. Leise schlichen die zwei bis ans Bett des Mädchens. Azade schlief. Im warmen Kerzenschein sahen die beiden, dass Azade ruhig und tief atmete. Die beiden Männer sahen lange in das Gesicht des schlafenden Kindes und Risgar spürte, wie sich seine Sorgen lösten. Dann schaute er in das Gesicht des Fremden, der die Holzfigur mit der brennenden Kerze in der Hand hielt, und dachte: „Jetzt weiß ich, wie ein Engel aussieht."

Rudolf Otto Wiemer
Der kleine Engel aus Goldpapier

Es muss eine windige Gegend gewesen sein, sagen wir, in Wilhelmshaven, und der Engel war wirklich sehr klein, vielleicht nicht größer als eine Hand, und eine solche Hand hatte ihn kurz vor Weihnachten aus Goldpapier geschnitten. Jetzt war Weihnachten vorbei, das Christbäumchen hatte man abgeräumt und auf den Balkon gestellt. Da stand es nun, nackt und bloß, und war traurig. Der Flitter war weg, die bunten Glaskugeln lagen wieder im Karton, die Strümpfe der Kerzen, die so feierlich gebrannt hatten, waren aus den Blechhaltern gekratzt. Zwar gab es am Baum noch ein paar Lamettafäden, aber das sah erst recht trostlos aus, zumal die roten Äpfelchen, die Biskuits und Schokoladenriegel allesamt aufgegessen waren. Nur der kleine Engel aus Goldpapier hing noch im grünen Gezweig. Ursprünglich waren es zwölf Engel gewesen; elf hatte man eingepackt, den zwölften vergaß man, und der war nun allein.

„Es wird immer kälter", sagte der Christbaum. Tatsächlich, der Wind, der vom Meer herkam, fegte über den offenen Balkon. Der kleine Engel schaukelte ein wenig, das gefiel ihn. Es erinnerte ihn an die Abende im Wohnzimmer, als die flackernden Kerzen die Luft ebenfalls zittern ließen. „Schön war das", sagte der Engel, „ich zitterte ebenso. Manchmal schwebte ich ein bisschen, und ich hoffte, ich könnte sogar fliegen."

Der Christbaum brummte grämlich vor sich hin, weil der Wind ihn hart anfasste. Zittern kannte er wohl, doch vom Fliegen hatte er nie geträumt. „Liegt dir so viel daran?", fragte er den kleinen Engel.

Der richtete sich ein wenig auf. „Aber natürlich. Ich habe nie an etwas anderes gedacht."

Dem Christbaum, der sich mit Mühe an der Balkondecke festhielt, fielen plötzlich die kleinen Vögel ein, die früher durch seine Zweige gehuscht waren. „Richtig", sagte er, „die Vögel flogen ja auch. Sogar im Wind flogen sie, das machte ihnen Spaß."

„Mir würde es noch besser gefallen", sagte der kleine Engel.

„Warum?"

„Weil ich ein Engel bin. Ich habe doch Flügel."

„Sogar aus Goldpapier", bestätigte der Christbaum.

„Bist du darauf etwa stolz?"

„Nein", sagte der kleine Engel, „Engel sind nie stolz. Nicht einmal auf Goldpapier."

„So, so", brummte der Christbaum. Er wollte nicht ausdrücklich sagen, dass er selber ein wenig stolz gewesen war, als er geschmückt und mit brennenden Kerzen in der

Weihnachtsstube stand. Und weil ihm, der ebenfalls nur ein kleines Bäumchen war, der kleine Engel leid tat, fragte er: „Was hast du davon, ein Engel zu sein, wenn du nicht einmal stolz sein darfst?"

Der kleine Engel schwieg. Nach einer Weile sagte er: „Engel müssen verkünden."

„Verkünden?", wunderte sich der Christbaum.

„Hast du das getan?"

„Ja", antwortete der kleine Engel, „aber meine Stimme ist sehr leise. Und die Trompete ist auch nicht groß. Ich weiß nicht, ob die Leute es gehört haben."

„Ich verstehe", sagte der Christbaum, „deshalb willst du jetzt noch woandershin fliegen."

„Ja", sagte der kleine Engel, „das wäre mir recht. Doch ich bin ja an deinem Zweig festgemacht."

In diesem Augenblick wurde aus dem Wind, der vom Meer kam, ein richtiger Sturm. Darauf hatte der Christbaum gewartet. Er brauchte die Zweige nur ein wenig auszubreiten, da hob der Sturm ihn aus dem offenen Balkon hoch in die Luft und trug ihn weit über Straßen und Baumwipfel davon. „Wir fliegen!", rief der Christbaum, während er ein wenig ängstlich über die Hausdächer wirbelte, an dicken Schornsteinen und Lichtmasten vorbei.

Der kleine Engel hatte keine Angst. Für Engel gibt es nichts Schöneres als Fliegen. Und er hatte es sich obendrein so sehr gewünscht.

Am nächsten Morgen aber lag der Christbaum auf der Straße. Manchmal rollt er ein Stück weiter, weil der Sturm noch immer vom Meer her wehte.

Die Straßen waren leer. Nur ein kleines Mädchen, das in die Schule wollte, kam vorbei und bückte sich zu dem rollenden Christbaum herab. Da hing doch etwas zwischen den Zweigen?

„Ein Engel!", rief das Mädchen und zog das Goldpapier vom Baum. Doch der Sturm riss es ihr sofort aus der Hand.

Das Mädchen blickte noch lange hinterher, bis die goldenen Flügel hinter dem Dachfirst verschwanden. Ja, und niemand weiß nun, wohin der kleine Engel geflogen ist.

Kurt Tucholsky

Himmlische Nothilfe

„Wat denn? Wat denn? *Zwei* Weihnachtsmänner?" „Machen Sie hier nich sonen Krach, Siiie! Is hier vier Tage im Hümmel, als Hilfsengel – und riskiert hier schon ne Lippe."

„Verzeihen Sie, Herr Oberengel. Aber man wird doch noch fragen dürfen?"

„Dann fragen Sie leise. Sie sehn doch, dass die beiden Herren zu tun haben. Sie packen."

„Ja, das sehe ich. Aber wenn Herr Oberengel gütigst verzeihen wollen: Wieso zwei? Wir hatten auf Schule jelernt: Et gibt einen Weihnachtsmann und fertig." „Einen Weihnachtsmann und fertig ... ! Einen Weihnachtsmann und fertig ... ! Diese Berliner! So ist das hier nicht! Das sind ambivalente Weihnachtsmänner!"

„Büttaschön?"

„Ambi ... ach so, Fremdwörter verstehen Sie nicht. Ich

wer Sie mal für vierzehn Tage rüber in den Soziologenhimmel versetzen halt, oder noch besser, zu den Kunsthistorikern ... da wern Sie schon ... Ja, dies sind also ... diese Weihnachtsmänner, das hat der liebe Gott in diesem Jahre frisch eingerichtet. Sie ergänzen sich, sie heben sich gegenseitig auf ... "
„Wat hehm die sich jejenseitig auf? Die Pakete?"
„Wissen Sie ... da sagen die Leute immer, ihr Berliner wärt so furchtbar schlau – aber Ihre Frau Mama ist zwecks Ihrer Geburt mit Ihnen wohl in die Vororte gefahren ...! Die Weihnachtsmänner sind doppelseitig – das wird er wieder nicht richtig verstehen –, die Weihnachtsmänner sind polare Gegensätze."
„Aha. Wejen die Kälte."
„Himmel ... wo ist denn der Fluch-Napf ... ! Also, ich werde Ihnen das erklären! Jetzt passen Sie gut auf: Die Leute beten doch allerhand und wünschen sich zu Weihnachten so allerhand. Daraufhin hat der liebe Gott mit uns Engeln sowie auch mit den zuständigen Heiligen beraten: Wenn man das den Leuten alles erfüllt, dann gibt es ein Malheur. Immer.
Denn was wünschen sie sich? Sie wünschen sich grade in der letzten Zeit so verd ... so vorwiegend radikale Sachen. Einer will das Hakenkreuz. Einer will Diktatur. Einer will Diktatur mitm kleinen Schuss; einer will Demokratie mit Schlafsofa; eine will einen Hausfreund; eine will eine häusliche Freundin – ein Reich will noch mehr Grenzen; ein Land will überhaupt keine Grenzen mehr; ein Kontinent will alle Kriegsschulden bezahlen, einer will ... "

„Ich weiß schon. Ich jehöre zu den andern."

„Unterbrechen Sie nicht. Kurz und gut: das kann man so nicht erfüllen. Erfüllt man aber nicht ..."

„Ich weiß schon. Dann besetzen sie die Ruhr."

„Sie sollen mich nicht immer unterbrechen! Erfüllen wir nicht – also: erfüllt der liebe Gott nicht, dann sind die Leute auch nicht zufrieden und kündigen das Abonnement. Was tun?"

„Eine Konferenz einberufen. Ein Exposé schreiben. Mal telefonieren. Den Sozius ... "

„Wir sind hier nicht in Berlin, Herr! Wir sind im Himmel. Und eben wegen dieser dargestellten Umstände haben wir jetzt zwei Weihnachtsmänner!"

„Und ... was machen die?"

„Weihnachtsmann A erfüllt den Wunsch. Weihnachtsmann B bringt das Gegenteil. Zum Exempel: Onkel Baldrian wünscht sich zu Weihnachten gute Gesundheit. Wird geliefert. Damit die Ärzte aber nicht verhungern, passen wir gut auf; Professor Dr. Speculus will auch leben. Also kriegt er seinen Wunsch erfüllt, und der reiche Onkel Baldrian ist jetzt mächtig gesund, hat eine eingebildete Krankheit und zahlt den Professor. Oder: Die Nazis wünschen sich einen großen Führer. Kriegen sie: ein Hitlerbild. Der Gegenteil–Weihnachtsmann bringt dann das Gegenteil: Hitler selber.

Herr Merkantini möchte sich reich verheiraten. Bewilligt. Damit aber die Gefühle nicht rosten, bringt ihm der andere Weihnachtsmann eine prima Freundin. Oder: Weihnachtsmann A bringt dem deutschen Volke den gesunden Menschenverstand – Weihnachtsmann B die Presse. Weihnachtsmann A gab Italien die schöne Natur – Weihnachtsmann B: Mussolini.

Ein Dichter wünscht sich gute Kritiken: kriegt er. Dafür kauft kein Aas sein Buch mehr. Die deutsche Regierung wünscht Sparmaßnahmen – schicken wir. Der andere Weihnachtsmann bringt dann einen kleinen Panzerkreuzer mit.

Sehn Sie – auf diese Weise kriegt jeder sein Teil. Haben Sie das nun verstanden?"

„Allemal. Da möcht ich denn auch einen kleinen Wunsch äußern. Ich möchte gern im Himmel bleiben und alle Nachmittage von 4 bis 6 in der Hölle Bridge spielen."

„Tragen Sie sich in das Wunschbuch der Herren ein. Aber stören Sie sie nicht beim Packen, die Sache eilt."

„Und ... verzeihen Sie ... wie machen Sie das mit der Börse –?"

„So viel Weihnachtsmänner gibt es nicht. Herr – so viel Weihnachtsmänner gibt's gar nicht –!"

Hanns Dieter Hüsch

Mein Schutzengel

Ich habe seit einiger Zeit das Gefühl, dass ich einen Leibwächter habe. Ich weiß es noch nicht genau. Nicht, dass ich um mein Leben fürchte, nee, nee, aber als ich DEM LIEBEN GOTT – den ich vor ein paar Wochen wieder mal in Dinslaken in unserem Stehbistro in der Neustraße gegenüber Schätzlein traf – als ich dem lieben Gott davon erzählte, sagte er nur, kann möglich sein. Ich hab im Moment den Überblick nicht. Könnte es ein Schutzengel sein, fragte ich. Nein, nein, sagte der liebe Gott, auf die Gefahr hin, dass ich lüge, aber das wüsste ich, dann hätte Petrus mir was gesagt. Die Sache kann aber auch liegen geblieben sein, sagte er dann, wir sind ziemlich überlastet, verstehst du? Ja natürlich, sagte ich, ich kenne das. Wie benimmt er sich denn, fragte der liebe Gott. Ooch, sagte ich, eigentlich ganz manierlich. Manchmal ist er wie ein Detektiv hinter mir her, versteckt sich, aber bleibt immer hinter mir, überquert die Straße, geht auf gleicher Höhe auf der anderen Seite weiter. Beobachtet mich durch die Schaufensterecke, bleibt stehen, wenn ich stehen bleibe, tut aber immer ganz unauffällig. Also wie im Krimi, sagte der liebe Gott. Genau, sagte ich. Genau.

Das hat er bei mir gelernt, sagte der liebe Gott schmunzelnd. Sollte es vielleicht doch ein Schutzengel sein, sagte ich. Was hat er denn an? Er sieht ein bisschen ärmlich bis verwahrlost aus, trägt meist einen dunklen zerbeulten Hut, und einen ziemlich langen Mantel, hat aber keine Flügel. Und wenn er den Hut absetzt, sieht man sein langes volles dunkelblondes Haar. Das ist Michael oder Raphael, sagte der liebe Gott. Nee, nee, sagte ich, Michael wohnt doch bei uns am Ende der Straße, und Raphael ist doch der Luftikus unter den Engeln.

Mein Leibwächter, sagte ich, wohnt manchmal in einem alten leerstehenden Haus und hat einen Hund, einen Mischling, einen Schäfer-Labrador. Und gehe ich in ein Menschengewühl, dann dauert es nicht lange, und der Hund ist an meiner Seite, und ich weiß, mein Leibwächter ist mir auf den Fersen. Neulich hat er mir die Hand auf die Schulter gelegt und richtig verlegen gesagt: Fürchtet Euch nicht. Und ich war nicht weniger verlegen. Es muss ein ganz neuer Engel sein, sagte der liebe Gott, und er hat keine Flügel, sagst du. Jedenfalls nicht, wenn ich ihn sehe. Neulich, als ich über zwei Treppenstufen beinah bös' gestolpert wäre, ich sehe zur Zeit nicht gut, hat er mich beim Runtergehen am Mantelkragen festgehalten und nur: Nichts für ungut gesagt. Das hat er auch bei mir gelernt,

sagte der liebe Gott.
Wenn ich nur wüsste, wer dieser Bursche ist. Allerdings, sagte ich, jetzt an Weihnachten oder so um Weihnachten herum, davor oder danach, ist nichts von ihm zu sehen. Auch der Hund nicht. Auch wo er manchmal wohnt, brennt kein Licht, ist nichts zu hören und zu sehen. Ich denke oft, er ist in dieser Zeit vielleicht in der Nähe von Bethlehem – mit Flügeln natürlich – die himmlischen Heerscharen brauchen ja auch sicher mal Nachwuchs – und verkündet dort mit anderen Engeln die große Freude, und während die anderen zum Himmel fliegen, kommt er auf die Erde zurück und dort beschäftigst du ihn als Schutzengel, damit wir gut behütet bleiben.
Der liebe Gott guckte zum Fenster raus, und sagte mit dem süffisantesten Lächeln, das ich je gesehen hatte: Das hat was.
Ich gehe jetzt nach Hause, sagte er, und er meinte den Himmel, und werde mit Petrus ein Stück Christstollen essen, und werde ihn fragen, wer denn dieser ehrenamtliche Landstreicher sei, dem er ohne mein Wissen Flügel verliehen habe. Bin gespannt, was Petrus für ein Gesicht macht und was er wieder für eine Ausrede parat hat, ehe der Hahn dreimal kräht. Frohes Fest, sagte der liebe Gott augenzwinkernd, und verschwand wie immer schlagartig. Und ich sagte frei nach Luther: Hier stehe ich, ich kann's nicht ändern. Und als ich zur Bistrotür schaute, sah ich den Hund hereinkommen.

Johannes Kuhn

Das Licht war schneller

Karin war mit dem Zug am frühen Nachmittag gekommen. Als sie ausstieg, bemerkte sie, dass der Himmel sich bezogen hatte. Sie würde sich beeilen müssen, wenn sie den Aufstieg bis zur Hütte noch schaffen wollte. Sechs Stunden etwa brauchte man. Das wusste sie aus den vergangenen Jahren. Die Bahnhofsuhr zeigte 14.30 Uhr. „Ich muss es schaffen", dachte sie. Entschlossen schulterte sie Rucksack und Skier und schlug den Weg nach der Hausnummer 14 ein. Sie kannte die Kronlachners von der Skifreizeit im letzten Jahr. Die Gruppe bekam dort jedes Mal ein kräftiges Tiroler Vesperbrot, um für den Aufstieg gerüstet zu sein. Dieses Jahr hatte Karin ihren Urlaub um drei Tage verschieben müssen. Eine Kollegin war plötzlich erkrankt. Aber nun hatte es doch noch geklappt. Die Müdigkeit der langen Reise von Bremen bis Kirchdorf war in der frischen Luft wie weggeblasen. Kronlachners würden Augen machen.

Wenig später saß sie bei einem Roten und Tiroler Speck der Bäuerin gegenüber. Die schlug die Hände über dem Kopf zusammen, als sie hörte, dass Karin jetzt noch aufsteigen wollte.

„Fräulein, das dürfens net. Das Wetter schlägt um. Seit Tagen spür ich's schon im Knie. Wartens bis morgen. Wir richten Ihnen eine Kammer, und morgen muss der Sepp sowieso hinauf. Fleisch und Butter bringen und die Post. Da gehens mit ihm." Aber Karin hatte sich schon so gefreut, so oft schon hatte sie sich vorgestellt, was die anderen für Augen machen würden, wenn sie zur Hütte hereinkäme, dass sie das gut gemeinte Angebot ausschlug.

„Die Post kann ich dann schon mitnehmen. Aber wenn ich meinen schweren Rucksack hier bei Ihnen lassen dürfte ...?" Sie hatte es plötzlich eilig. Die paar Briefe und Karten waren schnell verstaut, dazu Schokolade, Apfelsinen, Nüsse und auch das Brot, das die Bäuerin ihr noch zugesteckt hatte. Beinahe hätte sie in der Eile vergessen, die Felle aus dem Rucksack zu nehmen. Ohne diese Felle unter den Skiern würde sie den Aufstieg nicht schaffen. Das wusste sie. Sorgfältig kontrollierte sie noch einmal ihre Ausrüstung. Kurze Zeit später stapfte sie dem Ortsausgang zu. Auf ihrer Armbanduhr war es 15.15 Uhr. Höchste Zeit. Sie legte einen schnellen Schritt vor.

Am Ortsausgang begegnete ihr ausgerechnet noch der Altbauer Kronlachner. Sie dachte an den Zeitverlust, den ihr ein Gespräch einbringen würde, und wollte sich mit einem kurzen „Grüß Gott" vorbeistehlen. Aber da hatte er sie schon erkannt. „Ja mei. Fräulein Karin, wo wollens denn noch hin?" Sie antwortete ihm. Aber er ließ sie kaum ausreden.

„Zu spät, sag i, und das Wetter schlägt um. Es gibt Schnee. Das Radio hats auch gemeldet. Also bleibens. Wenigstens bis morgen früh."

Sie war jetzt geradezu trotzig entschlossen. Darum fiel die Antwort schärfer aus, als sie es eigentlich gewollt hatte. „Ich werde schon selber wissen, was ich zu tun habe. Außerdem kenne ich den Weg noch vom letzten Jahr."

„Ja, bei schönem Wetter. Aber heut, da ists gefährlich. Also, seins vernünftig."

Solche Sätze kannte sie zur Genüge. Vernünftig! So oft sie es sonst sein musste, jetzt nicht! Abrupt drehte sie sich um und stapfte mit geschulterten Skiern bergan. Sie kam ziemlich flott voran. Der Weg war gebahnt bis zum letzten Bauernhof, und es hatte seit Tagen keinen Neuschnee gegeben. Nach einer halben Stunde erreichte sie die Tannengruppe mit dem Wegweiser „Adlerspoint". Er zeigte den Einstieg in den Waldweg an. Die nächsten anderthalb Stunden würde es ziemlich steil bergauf gehen. Das wusste sie noch vom letzten Jahr, und sie erinnerte sich an die Witzeleien am Anfang und das angestrengte Schweigen am Schluss, das nur ab und zu durch ein Stöhnen unterbrochen worden war. Heute konnte sie selbst das Tempo bestimmen. Das Gefühl, unbeschwert und frei zu sein, und die klare winterliche Waldluft beschwingten ihren Schritt. Sie kam gut voran. Sie wusste von früher: An den Stellen, wo die Lawinenschneisen den Waldweg kreuzen, musst du aufpassen! Aber langes Sichern war nicht nötig. Ein Blick ins Tal bestätigte ihr, dass die Lawinen schon abgegangen waren. Sie nahm das alles als freundliches Zeichen für einen guten Verlauf. In dieser Stimmung erschreckte sie auch das Rudel Rehe nicht, das an ihr vorbei zu Tal stob. Wenig später hatte sie den Waldrand erreicht. 17.00 Uhr, stellte sie fest, eine gute Zeit. Besser als erwartet. Grund genug, eine Rast mit Schokolade und Apfelsinen einzulegen. Alles lief nach Plan. Lächelnd dachte sie an die Warnungen der Kronlachners.

Nun galt es, das schwerste Stück in Angriff zu nehmen: den Aufstieg mit Skiern bis zum Hochplateau. Sie löste die Felle, die sie um den Leib geschlungen hatte, und befestigte sie an den Brettern. Dann, nachdem sie sich vergewissert hatte, dass die Fangriemen eingeschnappt waren, schob sie los. Es war dämmrig geworden. Und gerade, als sie aus dem Wald zum freien Hang hinausglitt, fing es an zu schneien. Ganz sachte zuerst. Die Flocken taten dem erhitzten Gesicht gut. Wind kam auf. Er trieb ihr das Wasser in die Augen. Sie zog ihre Schneebrille auf, die sie einigermaßen schützte. Der Schneefall wurde dichter. Sie wusste: Ich muss mich immer aufwärts halten, dann werde ich irgendwie auf den Hohlweg kommen. Langsam brach die Nacht herein. Karin schob die Schneebrille hoch. Mit halbgeschlossenen Augen blinzelnd, tastete sie sich Schritt für Schritt am Hang entlang. Auf einmal merkte sie, dass es unter ihren Füßen steil wurde. Es musste der Gegenhang sein, der in den Hohlweg hineinführte. Sie hoffte es jedenfalls. Das Leuchtzifferblatt ihrer Uhr zeigte jetzt 18.00 Uhr. Der Wind ließ plötzlich nach. Das Schneeflockengewirbel hörte auf, und sie erkannte den steilen Hochweg, der zum Plateau hinaufführte. Der richtige Zeitpunkt, eine Verschnaufpause einzulegen.

Sie überlegte sich, wie der Weg nun weitergehen musste: Zunächst am Rand des Hochplateaus, links an der verfallenen Hütte vorbei, dann an den Pfosten des Viehzauns entlang auf eine Waldgruppe zu, und zwischen diesen Bäumen geradeaus immer bergauf. Ganz genau sah sie den Weg vor sich. So zog sie wieder los. Die verfallene Hütte war leicht zu finden. Die Pfähle schauten gerade noch so weit aus dem Schnee, dass man sie als dunkle Punkte erkennen kennte. Als sie die Baumgruppe erreichte, setzte wieder dichtes Schneetreiben ein. Es fiel ihr immer schwerer, sich zu orientieren. Bergauf – das ist wichtig, dachte sie. Sie versuchte das Tempo zu steigern. Atemlos geworden, erholte sie sich im Windschatten einer großen Fichte. Zum ersten Mal bedauerte sie es, nicht doch auf die Warnungen der Kronlachners gehört zu haben. Aber zum Umkehren war es jetzt zu spät.

Inzwischen war es kurz vor 20 Uhr geworden. Eigentlich konnte es nun nicht mehr weit sein. „Adlerspoint" lag in einem weiten, freien Gelände am Hang. Die Hütte war sonst schon von Weitem zu sehen. Aber heute? Angestrengt blickte sie nach vorn, ob irgendwo im Schneetreiben das Licht der Hütte zu sehen war. Aber so sehr sie auch in die Dunkelheit starrte, durch den unaufhörlich fallenden Schnee war nichts zu sehen. Immer häufiger musste sie Pausen einlegen. Um sich zu beruhigen, summte sie Lieder vor sich hin, die ihr gerade einfielen.

Als es 21 Uhr geworden war, wusste sie, dass sie sich verirrt hatte. Die aufkommende Angst machte sie nervös. Willkürlich schlug sie eine andere Richtung ein. Es schneite und schneite. Jetzt bereute sie, dass sie nicht doch ein Telegramm geschickt hatte. Vielleicht wären ihr die Freunde von der Hütte entgegengekommen. Sicher hätten sie das getan. Ihre Nervosität wuchs. Nur nicht aufgeben, dachte sie. Sie lief und stieg, stapfte und glitt dahin. Plötzlich merkte sie, dass es bergab ging. Das konnte nicht stimmen. Also kehrte sie wieder um. Immer häufiger musste sie Pause machen. Erschöpft stützte sie sich auf ihre Skistöcke. Die schwindende Kraft machte sie immer unsicherer. Sie versuchte es mit Rufen und Schreien. Der dichte Schneefall schluckte jedoch jeden Ton. Warum hatte sie auch nicht auf die gehörte, die doch Bescheid wussten, die das Wetter kannten, die Landschaft, die Schwierigkeiten eines solchen Aufstiegs? Die Selbstvorwürfe häuften sich.

Bei einer Baumgruppe machte sie halt. Es war 23 Uhr. Sie lehnte sich an eine windschiefe Tanne und überlegte, was zu tun sei. Da waren noch die Streichhölzer und vielleicht ein Stück Papier. Also ein Feuer in der Hoffnung, dass ... ? Sie versuchte es. Die Verpackung der Schokolade, ein paar alte Rechnungen, die Briefe? Nein, die natürlich nicht. Schnell erlosch das aufflackernde Feuer wieder, erstickt von der Dunkelheit, zugedeckt von den unaufhörlich fallenden Flocken. Wie sollten es die anderen auch sehen, wenn sie nicht einmal wussten, dass da jemand zu ihnen unterwegs war?

Inzwischen saßen sie in der Hütte zusammen. Es war ein Tag mit herrlichen Skitouren gewesen. Nun brannte das Feuer im Kamin, die Holzscheite knisterten und verbreiteten eine harzigen. wohligen Geruch. Der Tiroler Rote tat ein Übriges und die Gespräche hatten jene Weite, die den Alltag vergessen lässt. Pläne für den kommenden Tag wurden geschmiedet, für die nächsten Skitouren, für ein kleines Skirennen. Und dann hatte der Jüngste plötzlich eine Idee: „Ich habe hier ein paar Raketen gefunden. Wahrscheinlich noch von Silvester. Irgendjemand hat sie liegengelassen. Machen wir doch ein Feuerwerk."
„Ein Feuerwerk – für wen?", fragte einer. „Neujahr ist doch vorbei!" „Für niemanden". sagte der Jüngste, der die Raketen gefunden hatte, „für die Nacht, für den Schnee, für den Fuchs und die Hasen, für irgendjemand." Lachend rannten sie nach draußen und brannten die Raketen ab. Viele waren es nicht. Drei Stück. Zischend zogen die Raketen nach oben. Ihr Licht zeigte, wie dicht der Schnee fiel. Als das Feuerwerk erloschen war, schien allen, als sei die Nacht noch dunkler als zuvor.
Bei der ersten Rakete hatte Karin noch gemeint, es sei Einbildung gewesen. Ein Wunschtraum, den ihre Phantasie ihr vorgegaukelt hatte. Aber als dann das zweite und dritte Licht die Dunkelheit aufriss, da wusste sie: Dort ist die Hütte. Dort ist die Rettung. Und den Blick starr auf jene Stelle gerichtet, wo das Licht erloschen war, spurte sie los.
In der Hütte war das Spiel mit den Raketen schon fast vergessen. Der neue Schneefall hatte Begeisterung ausgelöst. Pulverschnee auf allen Hängen – das war genau

das, was sie sich gewünscht hatten. Pläne wurden umgeworfen, Skiwanderungen vorbereitet, über die notwendige Ausrüstung diskutiert – da klopfte es plötzlich an der Tür. Sie meinten, sie hätten sich verhört oder jemand treibe einen Scherz. Aber einer, der der Tür am nächsten saß, stand doch auf: „Mal nachsehen, welcher Berggeist sich da ankündigt", und er ging zur Tür, schob den Riegel zurück, öffnete und sprang zur Seite, als eine verschneite Gestalt vor ihm zu Boden stürzte. Nach dem ersten Schreck rannten alle zur Tür:

„Karin, wo kommst du denn her?"

„Wie konntest du da durchkommen?"

„Wie hast du das bloß geschafft?"

Später, als sie alle ihre Lebensgeister wieder beisammen hatte, erzählte sie. Sie ließ nichts aus, weder ihre trotzige Reaktion gegen die Kronlachners noch die Hoffnungslosigkeit, in der sie sich fast aufgegeben hatte.

„Wenn ihr nicht gewesen wärd, dann ..." Sie vollendete den Satz nicht. Aber jeder wusste, was dann aus ihr geworden wäre.

„Glück gehabt", sagte jemand vom Kaminfeuer her.

„Glück?", fragte ein anderer. „Glaubst du, dass das ein Zufall war mit den Raketen?"

„Ich glaube nicht, dass es ein Zufall war", sagte Karin leise.

Draußen schneite es weiter. Unaufhörlich. Es schneite drei Tage und drei Nächte. Im Wetterbericht hieß es: ein Kälteeinbruch. Die Lawinendienste warnten. Die Zeitungen schrieben von abgeschnittenen Dörfern und Hütten.

Werner Reiser

Der verhaftete Friedensengel

Als die Engel den Lobgesang über den Feldern von Betlehem beendet hatten und sich wieder in die unsichtbare Welt zurückzogen, ließ sich einer von ihnen zur Erde sinken. Ihn drängte es, hinter den Hirten her in die Stadt Davids zu gehen und die Sache zu sehen, die geschehen war. Er ahnte nicht, was mit ihm geschehen würde. Er hüllte sich in die Gestalt eines Menschen, um wie einer von ihnen dabei zu sein und das Geheimnis des Friedens mit ihren Sinnen zu sehen, zu hören und zu riechen. Dabei verspätete er sich ein wenig und zog allein des Weges. Als er in das Tor von Betlehem trat, wurde er von römischen Soldaten angehalten. Einer von ihnen fragte den unbekannten Einzelgänger nach dem Ausweis. „Meinen Ausweis?", fragte er zurück. „Ich habe keinen und ich brauche keinen, ich weiß, wer ich bin." Und er richtete sich ein wenig auf, um sie seine verborgene Erhabenheit spüren zu lassen. Aber er fiel schnell wieder zusammen, als fremde Hände in seinen Mantel und seine Taschen fuhren und seinen Leib abtasteten „Nichts", sagten die Männer, „keinen Ausweis, keine Waffe, kein Geld." „Nichts?", fragte der Anführer der Gruppe, „macht nichts, wir nehmen ihn mit. Er ist verhaftet."

Er wurde an beiden Armen gepackt und fortgeführt. Das war freilich ein ungewohnter Griff, aber er befremdete ihn nicht allzu sehr. Dass Menschen zupacken, während Engel nur leise berühren und führen, wusste er wohl. Er lächelte wissend vor sich hin und war neugierig, wie es weiterginge. Er war in Betlehem, in der Nähe des Kindes und fürchtete sich vor nichts. Er bedachte nicht, dass die Himmlischen unendliche Geheimnisse kennen, aber in den irdischen Dingen doch nicht ganz so heimisch sind. Er sollte bald mit ihnen vertraut werden. Im Wachtlokal führten ihn die Soldaten dem Wachtkommandanten vor. Sie berichteten ihm, wo sie ihn angehalten hatten und was ihnen verdächtig vorgekommen war. Der Wachtkommandant fasst ihn ins Auge und begann ein Verhör.

„Wie heißt du?"

Er antwortete: „Ich bin ein Sohn des Friedens."

Der Kommandant befahl dem Schreiber, der neben ihm stand: „Schreibe Ben Schalom." Dann fragte er: „Woher kommst du?"

Der Engel antwortete: „Ich komme aus dem Reich des Lichts."

Der andere erwiderte: „Also von Sonnenaufgang?" Der Engel meinte: „Man kann es auch so sagen", und freute sich schon, dass er recht verstanden wurde. Der Kommandant diktierte: „Schreibe: von Osten." Dann fuhr er fort: „Du kommst also von jenseits unserer Grenzen?"

Der Engel: „Allerdings, von sehr jenseits eurer Grenzen. Aber was heißt das schon, eure Grenzziehung ist für uns nicht gültig, wir sind überall."

Der Kommandant nickte erstaunt „Das ist sehr aufschlussreich. So viel hat noch keiner freiwillig zugegeben. Ihr seid also viele?"

Der Engel erwiderte: „Ja, wir sind sehr viele, aber das wissen nur wenige von euch."

Darauf der andere: „Wir werden bald mehr darüber wissen" und dem Schreiber befahl er: „Schreibe: einer von vielen, noch unbekannten feindlichen Kundschaftern aus dem Osten, der unsere Grenzen nicht anerkennt."

Der Engel protestierte: „Nein, nicht feindlich, um Himmels willen. Von jenseits der Grenzen zu kommen, ist alles andere als feindlich!" Der Wachtkommandant wies den Protest zurück: „Mir kannst du nichts vormachen. Ich weiß, wer Freund und wer Feind ist. Im Übrigen hast du nichts zu erklären, du hast nur zu antworten ... Du bist also geschickt worden?"

Der Engel fasste neuen Mut und stimmte zu: „So ist es. Ich bin ein Bote."

Der Kommandant griff rasch zu: „Du gibst es zu? Wie lautet dein Auftrag?"

Der Engel wurde verlegen. Ihm wurde bewusst, dass er von sich aus entschieden hatte, auf der Erde zurückzubleiben und menschliche Gestalt anzunehmen. Ein Auftrag war es nicht gewesen. Der andere merkte, wie er zögerte, und fragte nochmals: „Wie lautet dein Auftrag?"

Der Engel antwortete: „Ich sollte mich in der Gegend von Betlehem einfinden und dort mit Menschen des Friedens Verbindung aufnehmen. Alles Weitere würde sich von selbst ergeben."

Der Wachtkommandant besann sich eine Weile und sagte dann: „Man scheint dir bei deinem Auftrag große Freiheit zu lassen. Du musst einer von weit oben sein." Dem Schreiber befahl er: „Schreibe: die Gegend von Betlehem ist Zentrum der feindlichen Tätigkeit. Es werden Spitzenleute eingesetzt."

Der Engel war freudig verwirrt. „Von weit oben" hatte er gesagt. Merkte dieser misstrauische Mensch allmählich, mit wem er es zu tun hatte? Er war so in seine Freude versunken, dass er nicht hörte, was diktiert wurde. Er sah auch nicht, dass der Kommandant einem Soldaten etwas befahl und dieser wegging. Er kam erst aus seiner Freude zurück, als die Tür aufging und der Soldat einige Gefangene hereinbrachte. Der Kommandant stellte sie dem Engel gegenüber auf und fragte ihn: „Kennst du diese Männer?" Der Engel schaute sie an und erkannte sie. Es waren Geschöpfe Gottes, die ihm anvertraut worden waren. Er hatte sie zu gewissen Zeiten begleitet und bewahrt. Er nickte: „Ja, ich kenne sie. Ich war ihnen sehr nahe." Der Vorgesetzte fragte einen nach dem andern. „Kennst du diesen da?" Einer nach dem anderen schüttelte den Kopf und sagte: „Nein, ich kenne ihn nicht." Bevor der Engel noch etwas erwidern konnte, wurden die Gefangenen abgeführt. Der Wachtkommandant trat vor ihn hin und betonte: „Du kennst sie, aber sie kennen dich nicht. Du musstest sie überwachen, nicht wahr? Bei deiner Stellung habe ich nichts anderes erwartet."

„Bewacht habe ich sie, nicht überwacht?", korrigierte ihn der Engel. Aber der andere winkte ab und sagte: „Mir brauchst du nichts zu erklären. Ich bin im Bild. Es passt alles zusammen." Er griff nach dem Blatt des Schreibers und überflog es. „Du gibst zu: Du bist Ben Schalom, stammst aus einem feindlichen Land im Osten, respektierst unsere Grenzen nicht, bist einer von vielen, die uns auskundschaften, du musst als Sonderbeauftragter in dieser Gegend Leute für eure Sache gewinnen und bei der Durchführung eurer Pläne überwachen. Das alles genügt mir."

Der Engel erschrak. So tönte es im Mund eines Irdischen, was er von sich und seinem überirdischen Auftrag erzählt hatte. Er hörte seine eigenen Worte, und doch war alles ganz anders, als er gesagt hatte und als es war. War denn keines seiner Worte recht angekommen? Bekamen bei den Menschen die Worte einen ganz andern Sinn, als sie ursprünglich hatten? Bei den Himmlischen war alles klar, das Wort war geborgen und ruhte in sich und seiner inneren Wahrheit, aber hier fiel es wie ein unbeschützter nackter Vogel aus dem Nest und blieb zerquetscht am Boden liegen. Ihm war bekannt, dass bei den Menschen Worte und Taten auseinanderklafften, die ihm Himmel eins waren, aber dass die Worte selber auseinander brechen könnten, darauf war er nicht vorbereitet gewesen. Ihm wurde es unheimlich zumute. Er war dieser mehrdeutigen Welt nicht gewachsen und sehnte sich in die himmlische Klarheit zurück.

Plötzlich erinnerte er sich seiner Verkleidung und atmete auf. Er brauchte diese menschliche Gestalt nur abzustreifen, um in seinem Glanz vor ihnen zu stehen und aufzufahren. Vielleicht würden sie vor Freude und Ehrfurcht so überwältigt sein, dass sie das Misstrauen ihres Wesens und die Zwiespältigkeit ihrer Worte erkennten und abschüttelten. Er sammelte sich, lockerte Beine und Schulter, streckte die Arme aus, um sich aufzuschwingen und – fiel in sich zusammen. Die Armen fielen herunter, die Füße waren erdenschwer, der Leib gehorchte dem Willen nicht mehr. Alle Kraft zog ihn nach unten. Er rief verzweifelt nach oben um Hilfe, aber niemand kam. Stattdessen hörte er eine leise Stimme, die sagte: „Bleibe, wie du bist. Du bist einer von ihnen und musst es durchstehen wie sie." Es wurde dunkel vor seinen Augen, und er brach zusammen.

Er kam erst wieder zu sich, als ihn Soldatenhände packten, aufhoben, wegschleppten und auf einen Strohhaufen warfen. „So könnt ihr mich ihnen doch nicht überlassen!", begehrte er nach oben auf. Da hörte er wieder die leise Stimme, die sagte: „Der Friede beginnt heute Nacht auf einem Strohhaufen." Dann fiel er in einen schweren Schlaf. Er erwachte, als er grob geschüttelt wurde. Er hatte keine Ahnung, wie lange er geschlafen hatte. Er entsann sich nur, irgendwann einmal geträumt zu haben, dass er einen Mann, der neben einer Krippe lag, gedrängt hatte, mit

Frau und Kind das Heim zu verlassen und nach Ägypten zu fliehen „Steh auf, du musst zum Kommandanten!!", befahl ihm ein Soldat, zerrte ihn hoch und schob ihn vor sich im Dunkeln her.

Er war ein anderer, dem er vorgeführt wurde. Er kannte sich zwar in den irdischen Rängen nicht recht aus, da er stets nur auf die Herzen achtete, aber er spürte sogleich, dass dieser mehr zu befehlen hatte und der Sache tiefer nachging. Auch der Kommandant schien etwas von der verborgenen Bedeutung des Vorgeführten zu ahnen und schaute ihn aufmerksam an. Dann blickte er auf ein Blatt und sagte: „Du bist kein gewöhnlicher Bote. Du bist von oberster Stelle eingesetzt." Beide nickten einander schweigend zu. Dann fuhr er fort: „Was ist deine Aufgabe?" Der Engel antwortete: „Ich will dem Frieden dienen. Ich habe keine andere Absicht."

Der Kommandant erwiderte: „Das tun wir auch, wir haben auch keine andere Absicht. Wir vertreten überall in der Welt den römischen Frieden. Darin sind wir uns einig. Willst du in unsere Dienste treten? Wir können Leute von deiner Art gut brauchen."

Der Engel hob abwehrend die Hände: „Ihr vertretet euren Frieden mit Gewalt, mit Soldaten, Schwertern und Lanzen. Das ist nicht meine Sache."

Der Kommandant antwortete. „Ich weiß, dass du mit andern Mitteln kämpfst. Aber es kommt auf dasselbe heraus. Da, wo du herkommst. gibt es auch Heere und Waffen. Spiel mir nichts vor!" Er stutzte. Ahnte der andere etwas? Dann erwiderte er: „Es ist ganz anders, als du meinst. Unsere Heere und Waffen sind von geistiger Art und schaden niemandem."

Der Kommandant entgegnete unwillig: „Du bist ein Spion und – was noch gefährlicher ist – ein Schwärmer. Du siehst die Wirklichkeit nicht, wie sie ist. Aber wenn du willst, kannst du auch bei uns mit deinen unblutigen Waffen für den Frieden kämpfen."

Der Engel spürte, wie eine unerwartete Hoffnung in ihm aufkeimte. Er fragte: „Kann ich euren Soldaten den Frieden geben?"

Der Kommandant ging sofort darauf ein: „Warum nicht? Lege ihnen den Frieden in die Seele. Sie haben ihn nötig. In ihren Herzen ist so viel Angst vor dem Tod. Nimm sie ihnen weg und gib ihnen beim Sterben deinen Frieden, das wird für sie eine große Hilfe sein." Der Engel fuhr auf: „Aber ich werde ihnen dabei etwas ganz anderes ins Herz legen, als du willst, so dass sie die Waffen niederlegen und einen Frieden begehren, der zum Leben und nicht zum Sterben führt. Das werde ich tun, so wahr ich lebe!"

Der Kommandant erwiderte schroff: „Das wirst du nicht tun. Ich sehe, dass du unser Feind bist und bleibst. So wahr du lebst, du wirst noch in dieser Nacht dein Leben verlieren ... Wegführen!" Noch bevor die Soldaten zugriffen, trat der Engel einen Schritt vor und küsste den Kommandanten auf die Stirn.

Als er wieder auf dem Stroh in der Ecke saß, dachte er lange über sein bevorstehendes Ende und seinen misslungenen Friedensweg nach. Noch mehr als das, was mit ihm geschehen sollte, machte ihm bange, dass der Friede den Menschen so unverständlich und fremd blieb. Sie seufzten und schrien zwar nach ihm, aber sobald er unter ihnen zu wirken begann, fürchteten sie ihn. Er machte sie unruhig und unsicher. Lieber verließen sie sich auf ihre hartgetretenen Wege, als sich auf etwas Neues und Werdendes einzulassen. Der Friede war aber doch nicht dazu bestimmt, wie ein schöner Traum über die Erde zu schweben und auf ihr selber nie Fuß zu fassen. Weshalb wurde er den Menschen so schwer gemacht? „Warum steht ihr uns nicht kräftiger bei und treibt das Werk des Friedens unter uns?", begehrte er nach oben auf. Da hörte er wieder die leise Stimme, die sagte: „Es gibt keinen Frieden ohne Leiden und Opfer. Er fällt nicht vom Himmel auf die Erde. Er wirkt nur durch Menschen, die ihn wollen. Du bist einer von ihnen."

In der letzten Stunde der Nacht führten sie ihn hinaus. Einige Soldaten trugen ein Schwert, andere einen Spaten. Kein Mensch war zu sehen, kein Himmlischer zu spüren. Als sie aus dem Tor hinaustraten, sah er in der Morgendämmerung einen Mann neben einem Esel gehen, auf dem eine Frau mit ihrem Kinde saß. Die Soldaten beachteten sie nicht. Er aber fühlte plötzlich eine seltsame Wärme und eine große Freude und flüsterte vor sich hin „Nur Mut, es geht weiter. Der Friede ist unterwegs."

Dann ging alles sehr schnell. Er spürte den Schlag – und war als Engel des Friedens wieder bei sich. Er stand da und blickte auf die menschliche Hülle, die zu seinen Füßen lag. Er war dankbar für die schmerzliche Erfahrung, die sie ihm in diesen Tagen vermittelt hatte. Niemand nahm ihn wahr.

Die Soldaten entfernten sich. Zwei von ihnen blieben mit dem Spaten zurück und hoben ein Grab aus. Er hörte noch zu, wie sie miteinander redeten. Der eine sagte: „Früher habe ich damit meinen Garten umgegraben. Das war eine gute Zeit." Der andere erwiderte: „Und ich habe damit den Boden ausgehoben, um die Grundmauern für ein Haus zu legen. Damals war ich glücklich." Dann gruben sie schweigend weiter.

Er aber machte sich auf den Weg, um die kleine Gruppe einzuholen, die in der Morgendämmerung verschwunden war. Einmal wandte er sich noch um und sah im ersten Licht des Tages, wie zwei Männer mit einem Spaten auf den Schultern die Gegend von Betlehem verließen und, ohne es zu wissen, dem Weg der Frau mit dem Kind folgten.

Christa Spilling-Nöker

Vom Engel, der die Welt verwandeln wollte

Wieder einmal war es soweit: Das Weihnachtsfest nahte. Während die Menschen diese Zeit hektisch erlebten und nur noch auf ihren Terminkalender und Kontostand blickten, rechneten und zählten, was es noch alles zu tun und zu kaufen gab, wusste man unter den himmlischen Heerscharen mit der Zeit umzugehen: Man wusste sie zu füllen mit einem sinnvollen Wechsel von Geschäftigkeit und Ruhe, so dass man von einer erfüllten Zeit sprechen konnte. Jeder tat seine Aufgaben nach dem Maß seiner Begabungen und trug so zum Einklang des himmlischen Wohllebens das Seine bei. Gerade jetzt, in der Vorweihnachtszeit, mussten die Aufgaben neu verteilt werden, denn es war nicht zu übersehen, dass die Menschen besonders in dieser Zeit Hilfe brauchten. Allein brachten sie es nicht mehr so recht zustande, Weihnachten zu feiern, ja, sie taten sich überhaupt schwer mit dem Leben. Wer aber würde den Menschen helfen – falls ihnen überhaupt noch zu helfen war? Anders als bei der Verkündigung der Geburt in Bethlehem war keiner mehr freiwillig dazu bereit, auf die Erde zu gehen. Immer wieder hatten die, die auf der Erde gewesen waren, Schlimmes von dort erzählt: von Lieblosigkeit, Friedlosigkeit, Unrast und Unzufriedenheit der Menschen.

„Merkwürdig ist es mit den Menschen", dachten die Engel. „Gott hat ihnen alle Möglichkeiten gegeben für ein sinnvolles Leben: eine Erde voller Reichtümer und Schönheiten, den Verstand, daraus etwas zu machen, Kräfte, die Schöpfung zu verändern, zu gestalten und immer wieder Neues entstehen und lebendig werden zu lassen. Und dann hat er ihnen vor zweitausend Jahren seine Liebe in dem Kind von Bethlehem offenbart, um ihnen zu zeigen, dass sie alles in Liebe füreinander entfalten sollten und dass sie dann glücklich würden." Aber eben dies schien den Menschen nicht zu gelingen. Man brauchte ihnen nur einmal ins Gesicht zu schauen: Darin war statt Zufriedenheit Zerrissenheit, statt Ruhe Gehetztsein, statt Liebe oft nur Angst oder Aggressivität zu sehen. Ständig waren sie in Bewegung, aber nicht angetrieben, um Schönes zu tun, sondern, so hatte es den Anschein, um vor sich selbst, den eigenen Wünschen und Sehnsüchten, davonzulaufen. Oft verkehrten sie miteinander in oberflächlichen Beziehungen, um den eigenen Abgründen und der tiefen Begegnung mit anderen zu entfliehen, in denen sie Spuren des göttlichen Geheimnisses hätten finden können, das in der Höhe und in der Tiefe allen Lebens in besonderem Maße glänzt.

„Irgendwie", platzte es schließlich aus einem vorwitzigen Engel heraus, „hast du bei der Schöpfung mit den Menschen wohl einen Fehler gemacht. Sie haben das Zeug zu einem gelingenden Leben, aber sie machen alles, aber auch alles um sich herum und oft sogar sich selbst kaputt."

„Nun", erwiderte Gott, „wenn du die Probleme der Menschen, die uns schon so lange zu schaffen machen, genau siehst, so will ich dich dieses Jahr als Weihnachtsengel auf die Erde senden. Geh und öffne sie für die Botschaft des Friedens und der Liebe. Erleuchte sie mit der himmlischen Wahrheit, damit sie aus ihren Verkehrtheiten herausfinden zu einem neuen, ganzen Leben. Du sollst nicht ihre Probleme lösen, das müssen sie selbst tun, aber du sollst ihnen helfen, einen Anfang zu machen."

„So war das nicht gemeint", entschuldigte sich der Engel verlegen, denn er wusste auch nicht recht, wie den Menschen zu helfen sei.

„Wenn ich mich recht entsinne, warst du noch nicht auf der Erde", sagte Gott, „so bist du noch unverbraucht von all den bösen Erfahrungen mit den Menschen. Mache dich auf den Weg, denn das Weihnachtsfest steht unmittelbar bevor."

„Also, dann gehe ich", stammelte der Engel, dem vor Schreck alle Vorwitzigkeit vergangen war, und griff nach dem himmlischen Licht in der Hoffnung, es könne ihm in der Dunkelheit, die die Menschen umgab, bei der Ausführung seines Auftrags helfen. Mit diesem himmlischen

Licht hatte es eine besondere Bewandtnis: Wenn man es nahm, um es für sich allein schön und hell zu haben, so erlosch es. Es konnte seinen Glanz nur verbreiten, wenn man ständig davon verteilte. Deshalb sind Engel nie von Finsternis umgeben, es ist das gleiche Geheimnis, das das wahre Wesen der Liebe umfasst.

Von diesem Licht wollte er ihnen geben, damit sie sich dem weihnachtlichen Wunder der wahren Menschwerdung öffneten und sich verwandeln ließen von der Kraft der Liebe, die alles kaputte Leben heilen, Rastlosigkeit zur Ruhe bringen und Frieden schenken kann. Wie aber sollte er das anstellen? Wo konnte er sie erreichen, die sie jetzt so gar keine Zeit für die Liebe zu sich selbst oder gar für die Liebe zu anderen hatten? Wie oft sah er, dass sie gerade denen teure Geschenke kauften, denen sie eigentlich sagen wollten, dass sie sie lieb hätten! Wie oft sah er, dass sie vorgedruckte Karten verschickten, anstatt ein eigenes liebes Wort zu sagen oder zu schreiben! Wie oft kam es vor, dass sie Menschen vergaßen, Besuche unterließen, Begegnungen versäumten, wohl manches Mal auch aus Angst, es könne ihnen daraus für ihr Leben eine Unruhe erwachsen, die sie aus dem Gleichmaß ihrer täglichen Ordnung bringen könnte. Wie viele hatten schon ihre Träume verloren, ihre Sehnsüchte vergessen, ihre Gefühle in Forderungen erstickt – und dadurch die Menschen verloren, die ihrem Leben einst Sinn und Kraft gegeben hatten.

„Sie aus ihren Verkehrtheiten herausholen", flüsterte der kleine Engel noch einmal seinen Auftrag vor sich hin. Da kam ihm eine Idee. Bei Nacht sank er lautlos auf einem Mondstrahl zur Erde nieder und in die Häuser der Menschen hinein. Er schenkte ihnen frohe Träume und berührte sie leise mit dem himmlischen Licht, so dass sie im Schlaf zu lächeln begannen. „Aber am Morgen", dachte er, „wenn sie erwachen, führen sie ihre seligen Träume nicht auf die göttlichen Kräfte zurück, und alles wird sein wie zuvor. Ich muss sie in ihrer Alltagswelt erinnern an das, was wirklich wichtig ist, damit sie das Licht, das ich in ihre Träume gesenkt habe, weitergeben und es endlich hell wird auf Gottes kostbarem Planeten."

Und er verschwand in ihren Büros und löschte mutig ein paar Termine aus ihren Kalendern, so dass Raum wurde für neue Gedanken. „Sei wachsam für das Wunder, das dir täglich begegnen kann", stand da plötzlich, oder: „Versuche herauszufinden, was wirklich für dich wichtig ist, und versuche das, so gut es geht, zu leben." Oder: „Schaue einmal denen wieder in die Augen und durch die Augen in das Herz, die du lieb hast – und vielleicht traust du dich ja auch, es ihnen zu sagen."

Bei Schülerinnen und Schülern stand schon mal auf dem Stundenplan: „Hilf deiner Klassenkameradin, die so lange gefehlt hat", oder: „Kümmere dich um den Mitschüler, der aus einem anderen Land kommt und Probleme mit der deutschen Sprache hat."

Auf manchem häuslichen Putzplan reduzierte der Engel die Großkampftage vor dem Fest, er schrieb: „Nimm dir Zeit für deine Seele, damit die Menschen nicht nur durch geputzte Fenster in dein Haus, sondern auch durch deine

Augen in dich selbst hineinschauen und dir so neu begegnen können."

Auch an die Einsamen dachte er, an die, die meinten, zu nichts mehr nütze zu sein. Ihnen schrieb er mitten ins Herz, dass zwei Häuser weiter ein Kranker alleine sei, im gleichen Haus eine Mutter mit drei kleinen Kindern jemanden bräuchte, der gelegentlich auf die Kleinen aufpasst – und ein alter Schulfreund nun auch in diese Stadt gezogen sei.

Die Traurigen, die sich ganz in sich selbst zurückgezogen hatten, brachte er in Verbindung mit den Quellen des göttlichen Lichts, die in der Tiefe eines jeden Menschen verborgen sind, damit ihnen in aller Stille von innen her allmählich Trost zuwuchs.

Er öffnete die Herzen der Übersättigten, von ihrer Fülle den Hungernden an allen Ecken und Enden der Welt abzugeben. Den Armen wiederum träumte, dass die Reichen Freude daran bekämen, die Güter der Erde, die allen gleichermaßen gehören, mit ihnen zu teilen, so dass ihnen wieder Mut und Hoffnung zuwuchs für den kommenden Tag.

Denen, die ihre Lebendigkeit in lauter Versagensangst, in übertriebenem Pflichteifer oder in Minderwertigkeitsgefühlen begruben, lenkte er den Blick auf das Kind in der Krippe, das sagen will: Gott wird ganz Mensch, mit allen Schwächen, Mängeln und Hilflosigkeiten. Deshalb brauchst du dich auch nicht ständig krampfhaft zu bemühen, um vor den Menschen gut zu sein und alles richtig zu machen. Denn vor Gott bist du, unabhängig von dem, was du leistest, etwas wert, du bist richtig, so wie du bist.

„Wenn sie doch spüren würden", dachte er, „dass sie in ihrer Mitte ein Engel berührt, der sie dazu beleben und bewegen will, dass ihr Leben heller, weiter, tiefer und dadurch auch leichter werden kann."

Und eifrig machte er sich wieder an die Arbeit. Die ganze Nacht hatte er alle Hände voll zu tun. Als er beim ersten schwachen Lichtstrahl der Morgenröte aus der Stadt heraustrat, hatte ein Hauch von Raureif Feld und Wald wundersam bedeckt.

„Wie sich über Nacht doch alles verwandeln kann in Gottes Welt", dachte er tief berührt. „Wenn doch auch mein Werk die Herzen der Menschen so verwandeln könnte, dass ihr Leben liebevoller, zärtlicher, heilvoller und friedlicher wird."

„Einen Anfang sollte ich machen", flüsterte er noch einmal leise vor sich hin. „Ob sie wohl etwas daraus machen, die Menschen?!"

Quellenverzeichnis
Texte

Ina Brock, Dagobert, der Weihnachtsengel © bei der Autorin

Konrad Bruderer, Und der Engel lächelt, aus: Christine Voss (Hrsg.), Im Weihnachtswald. Ostschweizer Weihnachtsgeschichten TVZ-Verlag, Zürich 2013 © beim Autor

Jutta Fellner-Pickl, Warum der Engel lachen musste, aus: dies., Warum der Engel lachen musste. Neue Geschichten zur Weihnachtszeit. S. 25-28, 2. Aufl., Claudius-Verlag, München 1993, © Jutta Fellner-Pickl, Rimsting

Hanns Dieter Hüsch, Mein Schutzengel, aus: Hanns Dieter Hüsch/Marc Chagall, Das kleine Weihnachtsbuch, Seite 8ff., 2012/2015 © tvd-Verlag Düsseldorf, 1997

Andreas Knapp, Wie ein Engel aussieht, aus: Andreas Knapp, Mit Engeln und Eseln. Weise Weihnachtsgeschichten © Echter Verlag Würzburg 2. Auflage 2013, S. 19f

Christa Kozik, Der Engel mit dem goldenen Schnurrbart, aus: Christa Kozik, Der Engel mit dem goldenen Schnurrbart 2010 © LeiV Leipziger Kinderbuchverlag, Leipzig

Johannes Kuhn, Das Licht war schneller © beim Autor

Alma Larsen, Engel, aus: Stille Zeit, heilige Zeit? Laute und leise Geschichten rund um Weihnachten, Deutscher Taschenbuch Verlag, Berlin © bei der Autorin

Angelika Mechtel, Der Engel auf dem Dach, aus: Angelika Mechtel, Der Engel auf dem Dach, © Anke und Silke Eilers

Ruth Schmidt-Mumm, Wie man Engel wird, aus: Ursula Richter (Hg.), Die schönsten Weihnachtsgeschichten am Kamin Copyright © 1998 Rowohlt Taschenbuch Verlag GmbH, Reinbek bei Hamburg

Werner Reiser, Der verhaftete Friedensengel © beim Autor

Luise Rinser, Engelmessen, aus: Luise Rinser, Die Gläsernen Ringe. © S.Fischer Verlag, Berlin 1941. Alle Rechte vorbehalten S.Fischer Verlag GmbH, Frankfurt am Main

Christa Spilling-Nöker, Vom Engel, der die Welt verwandeln wollte. Erschienen in: Christa Spilling-Nöker, Vom Engel, der die Welt verwandeln wollte und andere Weihnachtsgeschichten © Verlag Herder GmbH, Freiburg i. Breisgau, 2. Auflage 2006, S. 9ff

Charles Tazewell, Das Weihnachtsgeschenk des kleinen Engels, aus: Franken, Weihnacht der Kinder. © Bonifatius Druck-Buch-Verlag Paderborn

Charlie Wenk-Schlegel, Wenn Menschen zu Engeln werden, aus: Christine Voss (Hrsg.), Im Weihnachtswald. Ostschweizer Weihnachtsgeschichten TVZ-Verlag, Zürich 2013 © beim Autor

Rudolf Otto Wiemer, Der kleine Engel aus Goldpapier, aus: Rudolf Otto Wiemer, Es müssen nicht Männer mit Flügeln sein, Quell Verlag, Stuttgart 1995, © Rudolf Otto Wiemer Erben, Hildesheim

Wir danken allen Rechteinhabern für die freundliche Abdruckerlaubnis. Der Verlag hat sich bemüht, alle Rechteinhaber in Erfahrung zu bringen. Für zusätzliche Hinweise sind wir dankbar.